Schöner feiern mit Freunden

Schöner feiern mit Freunden

Fran Warde

Fotos von Debi Treloar

aus dem Englischen übertragen
von Wiebke Krabbe

Lifestyle by Busse Seewald

Englische Originalausgabe:
Food for Friends
2002 veröffentlicht bei
Ryland Peters & Small Ltd
20-21 Jockey's Fields
London WC1R 4BW

Deutsche Ausgabe:
© Verlag BusseSeewald GmbH, Herford, 2005
Übersetzung: Wiebke Krabbe, Damlos
Satz: Punkt für Punkt GmbH · Mediendesign, Düsseldorf
gedruckt und gebunden in China

ISBN 3-512-03285-0

Widmung

Für meine Jungs, groß und klein

Hinweis

Sind Zutaten in Löffelmengen angegeben, ist ein gestrichener Löffel gemeint. Eier haben die Größe M.
Bei den Garzeit-Angaben können sich je nach Herd- und Energietyp geringfügige Änderungen ergeben. Der Backofen sollte immer auf die angegebene Temperatur vorgeheizt werden. Zu Temperatureinstellungen von Umluft- und Gasbacköfen bitte die Angaben des Geräteherstellers beachten.
Spezielle Zutaten sind in gut sortierten Supermärkten oder im asiatischen / mediterranen Lebensmittelhandel erhältlich.

Alle Angaben sind sorgfältig überprüft, eine Garantie für ihre Richtigkeit kann jedoch nicht übernommen werden. Die Haftung des Verlages und seiner Beauftragten ist ausgeschlossen.

Inhalt

Feiern – locker und entspannt

Wer Freunde hat, möchte sie auch einladen. Doch hat man die Einladung ausgesprochen, kommt Panik auf. Kennen Sie das Gefühl? Selbst versierte Köche brauchen ab und zu neue Impulse. Wer für Freunde kocht, sollte aber immer daran denken, dass sie zum Plaudern kommen, und nicht, um den Koch oder die Köchin auf die Probe zu stellen. Gute Rezepte und etwas Organisation, mehr brauchen Sie nicht. Suchen Sie Gerichte aus, für die alle Zutaten leicht zu beschaffen sind und die Sie in Ihrer Küche problemlos zubereiten können. Lesen Sie die Rezepte frühzeitig durch, halten Sie sich an den Zeitplan – und dann entspannen Sie sich, genießen Sie das Einkaufen und Kochen.

Unkompliziert ist immer gut. Die meisten Menschen kennen gerade ein halbes Dutzend Rezepte, die sie gern kochen. Doch wenn sie zuverlässig gelingen und gut schmecken, wird es keinen Gast stören, sie öfter zu genießen.

Auch Mogeln ist erlaubt. Wenn die Zeit knapp ist, besorgen Sie Oliven und dünn geschnittenen Parmaschinken oder Salami, servieren Sie dazu knuspriges Brot und gutes Olivenöl, und alle werden zufrieden sein. Dann müssen Sie nur noch Hauptgang oder Dessert zubereiten, der Rest wird fertig gekauft. Scheuen Sie sich nicht, beim Konditor feine Obsttörtchen zu besorgen, einen fertigen Braten beim Schlachter oder gefüllte Nudeln und würzige Saucen im italienischen Lebensmittelgeschäft. Die gute Küche fängt mit dem Einkauf an.

Einkaufen und kochen – das ist das ganze Geheimnis.

Ich kaufe gern in kleinen Geschäften ein. Die Waren stammen meistens nicht aus Massenproduktion, sondern aus der Region und sind wegen der kurzen Transportwege auch frischer. Der Qualitätsunterschied ist deutlich und rechtfertigt den etwas höheren Preis, außerdem können regionale Händler etwas Unterstützung gut gebrauchen.

Ich finde auch die Tischdekoration wichtig, weil sie dem Essen einen besonderen Rahmen oder ein bisschen Witz gibt. Ein traditionell gedeckter Tisch mag edel aussehen, aber es macht viel mehr Spaß, etwas ganz Neues auszuprobieren. Natürlich brauchen Sie kein neues Geschirr zu kaufen. Gefragt sind eigene, pfiffige und unkomplizierte Ideen, vielleicht verknotete Schnittlauchhalme als Serviettenringe, Bambusstäbe statt Blumen oder eine flache Schale mit schwimmenden Blütenblättern und Kerzen. Geben Sie Glitzerflitter ins Wasser der Blumen, dekorieren Sie maritim mit glatten Kieselsteinen, servieren Sie grobes Salz und Pfeffer in Muschelschalen, schneiden Sie aus kunterbuntem Papier Tischsets aus, zweckentfremden Sie einen schönen Schal als Tischläufer – die Möglichkeiten sind endlos, Ihre künstlerische Ader darf sich austoben.

Wenn Sie die Küchenarbeit im Griff haben, decken Sie den Tisch – lieber zu früh als zu spät, keinesfalls in der letzten Minute. Dann hangeln Sie sich am Zeitplan entlang und servieren ganz entspannt ein köstliches Menü.

Es ist mir wichtig, dass Sie die Zubereitung genießen können. Es macht Spaß, essen zu gehen, aber letztlich ist ein Abend zu Hause – mit einem guten Essen und lieben Freunden – doch zwangloser und entspannender. Dass Sie dieses Buch gewählt haben, spricht für Ihr Interesse am Kochen, ob Sie nun Neuland betreten oder schon viel Erfahrung besitzen. Blättern Sie weiter, wählen Sie einen Anlass und stellen Sie aus den Vorschlägen Ihr eigenes Menü zusammen. Einkaufen und kochen – mehr steckt nicht dahinter. Ach, und denken Sie daran, sich ein Glas Wein einzugießen, Musik einzuschalten und in der Küche Ihre Freude zu haben.

Tipps und Tricks

Kochen macht Freude – dem Koch und den Essern. Gutes Essen kann die Beziehungen zwischen Freunden oder Familienmitgliedern vertiefen. Es schafft gute Stimmung und bleibt als schöne Erinnerung haften. Gäste zu bekochen ist kein Staatsakt.

FEIERN OHNE STRESS

MACHEN SIE ES SICH LEICHT

- Kochen ist nicht Ihre starke Seite? Kein Problem. Wählen Sie einfache Rezepte und Menüs, denen Sie sich gewachsen fühlen. Nach und nach sammeln Sie Erfahrung und alle werden Ihre neuen Fähigkeiten bestaunen. Trauen Sie sich, die Routine stellt sich von selbst ein.

SPEISENFOLGE

- Dieses Buch schlägt bereits zusammengestellte Menüs mit einer Empfehlung für passende Weine vor. Die Frage, was serviert werden soll, ist damit leicht zu beantworten. Gelegentlich werden Alternativen vorgeschlagen, in den meisten Fällen sind Geschmack und Konsistenz der einzelnen Gänge aber gut aufeinander abgestimmt.

KÜCHENAUSSTATTUNG

- Wenn Sie sich für ein Menü entschieden haben, prüfen Sie gleich nach, ob alle nötigen Utensilien vorhanden sind. Fehlt etwas? Kaufen oder leihen Sie es – oder improvisieren Sie.

EINKAUFSLISTEN

- Sie brauchen keine Listen? Schreiben Sie sie trotzdem. Ich ordne meine Listen nach Kategorien: Fisch/Fleisch, Obst/Gemüse, Supermarkt, Getränke. Haltbare Produkte werden frühzeitig besorgt, verderbliche am letzten Tag.

GUTE PLANUNG

- Lesen Sie sich den Zeitplan frühzeitig durch und erledigen Sie alles, was vorbereitet werden kann. Getränke werden am Vorabend kalt gestellt. Rotwein öffnen Sie zwei Stunden vor dem Servieren, damit er atmen kann und sich das Aroma entwickelt.

TISCH DECKEN

- Decken Sie den Tisch möglichst früh. Denken Sie an besondere Details, etwa Platzkarten, Vasen, Servietten, Kerzen oder Lichterketten.

GUT EINKAUFEN

- Achten Sie beim Einkauf auf Qualität, nicht auf Quantität.
- Kaufen Sie knackfrische, appetitlich aussehende Lebensmittel. Man schmeckt den Unterschied.

GUTER GESCHMACK

- Leisten Sie sich eine gute Pfeffermühle. Schwarzer Pfeffer schmeckt frisch gemahlen am besten.
- Ich verwende am liebsten Meersalz – grob in der Mühle oder fein zum Streuen.
- Limetten und Zitronen lassen sich viel leichter auspressen, wenn man sie 40 Sekunden auf hoher Stufe in die Mikrowelle legt oder in heißem Wasser erwärmt.
- Servieren Sie Salat immer zimmerwarm, damit sich sein Aroma entfalten kann.
- Hacken Sie Kräuter erst unmittelbar vor der Verwendung. So schmecken sie am intensivsten.
- Pflanzen Sie einen Lorbeerstrauch in den Garten oder in einen Kübel. Das Aroma frisch gepflückter Lorbeerblätter ist nicht zu übertreffen.
- Durchforsten Sie den Vorratsschrank. Sortieren Sie gnadenlos alle Produkte mit abgelaufenem Verfallsdatum aus. Kaufen Sie lieber öfter kleine Mengen ein. Auch getrocknete Bohnen, Erbsen und Linsen werden durch langes Lagern nicht besser, sollten also besser zügig verbraucht werden.

BACKTIPPS

- Wiegen und messen Sie zuerst alle Zutaten ab. Gerade beim Backen kommt es auf exakte Mengen, genaue Temperaturen und Garzeiten an. Weichen Sie nicht von den Rezeptangaben ab.
- Heizen Sie den Backofen frühzeitig vor. 30 Minuten vor Backbeginn sind sinnvoll. (Mit einem speziellen Backofenthermometer kann man prüfen, ob die eingestellte Temperatur erreicht ist.)
- Bereiten Sie Mürbeteig im Sommer morgens oder abends zu, nicht in der Mittagshitze. Je kühler Küche und Hände sind, desto besser gelingt der Teig.
- Die Butter für Mürbeteig muss kalt sein. Weil sich der Teig beim Kneten und Ausrollen erwärmt, wird er wird vor dem Ausrollen und noch einmal vor dem Backen 30 Minuten kalt gestellt. Dadurch verhindern Sie, dass er beim Backen schrumpft und reißt.

ÖLE

- Olivenöl ist sehr gesund und eignet sich für fast alle Garmetho-den. Es passt allerdings nicht zur asiatischen und indischen Küche.
- Für indische und asiatische Rezepte verwende ich Sonnenblumen-, Erdnuss- oder ein anderes hochwertiges, geschmacksneutrales Öl.
- Öle mit der Bezeichnung „Pflanzenöl“ sind oft mit Hitze behandelt und enthalten nur wenig wertvolle Nährstoffe. Diese Öle sollten Sie meiden.
- Setzen Sie einen Dosieraufsatz auf Ihre Ölflasche. Er erleichtert das genaue Eingießen und Dosieren.

MESSER

- Sie sollten mindestens zwei hochwertige Küchenmesser besitzen, die Sie regelmäßig schärfen.
- Ich verwende zum Schärfen der Messer keinen Wetzstahl, sondern einen feinen Abziehstein.

GETRÄNKE

- Kaufen Sie lieber zu viel als zu wenig. Was übrig bleibt, kann bis zur nächsten Party stehen bleiben.
- Sekt Pro Person $^{1}/_{2}$–$^{3}/_{4}$ Flasche (6 Gläser pro Flasche, für Cocktails 8).
- Wein 1 Flasche pro Person. Im Sommer Weiß- und Rotwein im Verhältnis 3:1 kalkulieren.
- Schnäpse, Cocktails und Liköre Eine Flasche (750 ml) reicht für 16 Gläser. Rechnen Sie bei einer zweistündigen Party mit 3 Gläsern pro Person.
- Mineralwasser und Alkoholfreies Denken Sie an Kinder, Autofahrer und andere Gäste, die keinen Alkohol trinken. Reichlich einkaufen und gut kühlen!

Zwanglos feiern

Immer wieder erzählen mir Freunde von komplizierten Menüs und fragen mich, ob Kochbuchautoren eigentlich in der Realität leben. Was mich betrifft: Ja! Und ich möchte Ihnen zeigen, dass man zu Hause mit viel Spaß und ohne großen Aufwand köstliche Menüs zaubern kann, von denen Gäste noch lange schwärmen. Spontane Einladungen stehen und fallen mit einfachen Rezepten und guter Vorbereitung.

Die Rezepte in diesem Teil sind für Menschen mit hektischem Alltag gedacht, die sich gern spontan mit Freunden um den Tisch setzen. Das Menü ohne Mühe (Seite 40) und das Marktpicknick (Seite 14) sind nur zwei Beispiele, die Ihre Gäste begeistern werden und die doch kaum Zeit in der Küche kosten.

Ich schwöre auf einen gut bestückten Vorratsschrank. Gerade an einem Wochentag ist der Einkauf sämtlicher Zutaten aufwändig. Wer einen guten Grundvorrat besitzt, muss am Tag der Einladung nur wenige Frischzutaten besorgen. Suchen Sie ein Menü aus, passen Sie es Ihren eigenen Vorlieben oder der Stimmung an, gießen Sie sich ein Glas ein und kochen Sie los.

Marktpicknick

MENÜ

VORSCHLAG

Parma-Schinken

Salami

Kartoffelkuchen mit Estragon

Gemischter Blattsalat

Kleine Pizzen

Petersilienpastete mit Schinkenstreifen

Zwiebelkuchen

Brot

Ziegenkäse

Pfirsiche

Schokoladenkuchen

Apfelkuchen mit Puddingguss

Haselnussplätzchen

Vanillejoghurt

GETRÄNK

Cidre

Der Einkauf

Nehmen Sie sich Zeit für einen ausgiebigen Marktbummel und kaufen Sie möglichst viele Produkte direkt beim Erzeuger, der Sie über Geschmack und Qualität beraten kann. Ein Markteinkauf ist ein ungemein sinnliches Vergnügen. Es macht Spaß, mit den bodenständigen Händlern, die ihre Produkte lieben und nebenbei allerlei Geschichten zu erzählen haben, zu plaudern. Scheuen Sie sich nicht, Fragen zu stellen. Ich habe die Erfahrung gemacht, dass die Händler ihr erstaunlich umfassendes Wissen immer gern mit den Kunden teilen.

Dieses Menü enthält nur einige Vorschläge. Jede Region hat andere Spezialitäten. Es ist aber auch reizvoll, einmal etwas ganz Neues auszuprobieren, vielleicht eine Käsesorte, eine Pastete, ein Gebäck oder ein besonderes Brot.

DER ZEITPLAN

Am Festtag

- Nehmen Sie zum Markt reichlich Kleingeld mit. Ich finde es unhöflich, eine Hand voll Rucola mit einem großen Schein zu bezahlen.
- Nehmen Sie einen großen Korb oder eine Kiste für Ihre Einkäufe mit. Noch besser ist es, Sie bitten einen kräftigen Freund um Hilfe.
- Einfacher geht es nicht: Einkaufen, an den Picknickplatz fahren, die Decke ausbreiten, Getränke eingießen. Und dann dürfen die Gäste selbst auspacken und die Köstlichkeiten unter freiem Himmel genießen.

Der Rahmen

Nachdem Sie Ihre Einkäufe in Körbe und Kisten verpackt haben, wählen Sie einen schattigen Platz unter einem Baum, breiten eine Decke aus und laden die Gäste ein, selbst auszupacken.

Der Stil

Er wird durch die Umgebung und die Auswahl der Einkäufe bestimmt. Manche Erzeuger geben sich mit der Verpackung und Präsentation ihrer Waren große Mühe: schönes Wachspapier für Fleisch und Käse, hübsche Schachteln für Kuchen und Plätzchen, knisternde Tüten für Brot und feine Körbe für Obst. Sie brauchen eigentlich nur noch für eine attraktive Decke oder ein großes Tuch zu sorgen, auf dem Körbe und Kisten, Besteck und Gläser aufgestellt werden.

Mediterraner Lunch

DAS MENÜ

FÜR 8 PERSONEN

Gegrillte Scampi mit Zitronenschnitzen

Sommerlicher Gemüsesalat

Tomatensalat mit weißen Bohnen

Blattsalate

Frühlingsdressing mit Knoblauch

Knuspriges Brot

Erdbeertorte

GETRÄNK

Rosé

Der Rahmen

Dies ist ein Essen für einen Sonnentag. Garen Sie die Scampi auf dem Holzkohlegrill und legen Sie gleich etwas Gemüse daneben, das in Olivenöl gebadet wurde. Servieren Sie dazu knackig-frischen Salat mit frischem Knoblauch-Dressing und zum Auftunken Brot vom Bäcker an der Ecke. Das Menü kann wunderbar im Garten serviert werden und eignet sich gut für eine große, vergnügte Runde. Lassen Sie sich helfen. Wenn Sie Geschirr, Besteck und Servietten auf einem Tablett bereit legen, werden die Freunde gern den Tisch decken. Andere können die Scampi wenden oder den Salat anmachen.

Der Stil

Schmücken Sie den Tisch mit einfachen Gartenblumen, wilden Wiesengräsern oder Schalen voll reifer Sommerfrüchte. Stellen Sie Zitronenschnitze und kleine Schalen mit Wasser zum Säubern der Finger bereit, außerdem reichlich Servietten für den Schoß und das Kinn. Stellen Sie alle Gänge auf den Tisch, damit Sie nicht zwischendurch aufstehen müssen (und womöglich einen Witz verpassen). Genießen Sie einen entspannten Nachmittag.

Sommerlicher Gemüsesalat

6 junge Artischocken ohne Stiel

1 kg grüner Spargel, geputzt

2 große, rote Paprikaschoten, geviertelt und entkernt

5 Zucchini, längs in Scheiben geschnitten

125 ml Olivenöl

frisch gepresster Saft von 1 Zitrone

Meersalz und frisch gemahlener schwarzer Pfeffer

Für 8 Personen

In einem großen Topf Wasser aufkochen, die Artischocken zufügen und 30–40 Minuten garen.

Inzwischen den Spargel mit 3 Esslöffeln Olivenöl in einen Plastikbeutel geben und schütteln. Eine Grillpfanne vorheizen und den Spargel 5 Minuten unter häufigem Wenden anbräunen. Aus der Pfanne nehmen und beiseite stellen.

Die Paprikastücke mit der Haut nach unten in die Pfanne geben und etwa 7 Minuten braten, bis die Haut dunkel und blasig ist. In eine kleine Schüssel geben, abdecken und abkühlen lassen.

Die Zucchini in die Pfanne geben und von jeder Seite 4 Minuten anbräunen.

Die Artischocken abgießen und längs halbieren. Das Herz mit einem Teelöffel abschaben, um das Stroh zu entfernen (sofern vorhanden). Die Haut der Paprika abziehen, das Fleisch in Streifen schneiden.

Alle Gemüse in einer großen Schüssel vermischen, mit Salz, Pfeffer, Olivenöl und Zitronensaft beträufeln und servieren.

Gegrillte Scampi mit Zitronenschnitzen

Scampi schmecken aromatischer, wenn man sie in der Schale grillt. Zuerst in Olivenöl wenden, dann grillen, bis das Fleisch gerade rosa wird. Nicht zu lange garen, sonst werden sie trocken und fade. Kaufen Sie so viele Scampi, wie Sie sich leisten können. Es bleiben nie welche übrig.

2 kg große Scampi mit Schale

ca. 6 Esslöffel Olivenöl

4 Zitronen oder 6 Limetten, in Schnitze geschnitten

Für 8 Portionen

Die Scampi in eine große Schüssel oder einen Gefrierbeutel geben, das Olivenöl zugeben und gut vermischen. Auf dem Grill garen, bis die Schalen rot sind und das Fleisch nicht mehr transparent ist. Auf einer großen Platte anrichten. Zitronenschnitze zum Beträufeln dazu servieren.

Tomatensalat mit weißen Bohnen

750 g neue Kartoffeln mit Schale

820 g weiße Bohnen oder Cannellini, abgetropft und abgespült (Konserve)

500 g reife Tomaten, geviertelt

4 Frühlingszwiebeln, in Ringe Geschnitten

1 Bund glatte Petersilie, gehackt

4 Esslöffel Olivenöl extra vergine

frisch gepresster Saft von 1 Zitrone

Meersalz und frisch gemahlener schwarzer Pfeffer

Für 8 Portionen

Die Kartoffeln in reichlich Salzwasser 20 Minuten kochen. Sie sind gar, wenn sie beim Anstechen mit einem Messer leicht nachgeben. Abgießen, etwas abkühlen lassen, dann in Spalten schneiden und in eine große Schüssel geben.

Bohnen, Tomaten, Zwiebeln und Petersilie zufügen. Olivenöl, Zitronensaft, Salz und Pfeffer zugeben, vorsichtig mischen und servieren.

Blattsalate / Mesclun

Mesclun ist eine Mischung kleinblättriger Salatsorten mit verschiedenen Aromen – mild, knackig und herb – die in guten Supermärkten zu haben ist. Nach dem Waschen den Salat trocken schleudern. Nichts ist scheußlicher als triefender Salat.

500 g gemischte, kleine Salatblätter, gewaschen und trocken geschleudert

Frühlingsdressing mit Knoblauch (rechts)

Für 8 Portionen

Den Salat verlesen, Stiele abschneiden und welke Blätter aussortieren. Die Blätter in eine große Schüssel geben und das Dressing separat servieren.

Frühlingsdressing mit Knoblauch

Versuchen Sie, für dieses überraschend milde Dressing Frühlingsknoblauch zu bekommen, der größere Knollen in hübschem Rosa bildet. Das Dressing muss weder gerührt noch geschüttelt werden. Servieren Sie es einfach mit einem kleinen Löffel, sodass die Gäste sich selbst bedienen können. Es schmeckt herrlich und sieht hinreißend aus.

1 große Knolle Knoblauch (möglichst rosa), in feine Scheiben geschnitten

7 Esslöffel Olivenöl

2 Esslöffel Balsamico-Essig

Meersalz und frisch gemahlener schwarzer Pfeffer

Für 8 Portionen

Den Knoblauch in eine kleine Schüssel geben. Essig und Öl zugeben, mit Salz und Pfeffer abschmecken und servieren.

DER ZEITPLAN

Am Vortag

- Boden der Erdbeertorte zubereiten und luftdicht verpackt aufbewahren.

Am Festtag

- Artischocken kochen, abgießen und abkühlen lassen. Die übrigen Gemüse für den sommerlichen Gemüsesalat in der Grillpfanne garen und mischen.
- Tortenboden belegen.
- Grill anzünden.
- Kartoffeln kochen.
- Tomatensalat mit Bohnen zubereiten.

In der letzten Stunde

- Knoblauchdressing anrühren.
- Scampi auf dem vorgeheizten Grill garen.

Erdbeertorte

Ich finde, frische Sommerfrüchte muss man einfach auf einem knusprigen Mürbeteigboden servieren. Diese Mischung aus Wald- und Kulturerdbeeren schmeckt einfach fantastisch. Die winzigen Walderdbeeren sehen hübsch aus und stecken voller Aroma. Wer sie nicht bekommt, ersetzt sie durch Kulturerdbeeren. Sie können auch andere Früchte verwenden, aber türmen Sie sie großzügig auf.

Das Mehl in eine Schüssel geben, die Butterwürfel zufügen und beides mit den Fingern zu einer krümeligen Masse verarbeiten. Den Zucker untermengen. In die Mitte eine Vertiefung drücken, 2 Eigelb hineingeben und alles mit einem Tafelmesser mit schneidenden Bewegungen vermischen, bis der Teig zusammenhält. Falls nötig, das dritte Eigelb unterarbeiten. Die Hände mit Mehl bestäuben, den Teig zur Kugel formen und auf eine leicht bemehlte, kühle Arbeitsfläche legen.

Den Teig etwas größer als den Springformboden ausrollen. In die Form legen, am Rand etwas hochziehen und mehrmals mit einer Gabel einstechen. 20 Minuten kalt stellen. Im vorgeheizten Ofen bei 180 °C 20 Minuten backen, dann die Temperatur auf 150 °C reduzieren und nochmals 20 Minuten backen. Aus dem Ofen nehmen, abkühlen lassen. Auf eine Tortenplatte legen, mit Frischhaltefolie abdecken und beiseite stellen.

Das Gelee in einem kleinen Topf erhitzen, bis es flüssig wird. Vom Herd nehmen und etwas abkühlen lassen. Die Erdbeeren auf den Boden häufen, große Früchte bei Bedarf durchschneiden. Die Früchte mit dem Gelee übergießen. Die Torte mit Crème double oder griechischem Joghurt mit Honig servieren.

300 g Mehl

200 g Butter, gewürfelt

150 g hellbrauner Zucker

2–3 Eigelb, verquirlt

200 g rotes Johannisbeergelee

250 g Walderdbeeren

750 g Kulturerdbeeren, geputzt

Crème double oder griechischer Joghurt mit etwas Honig als Beilage

beschichtete Springform, 30 cm Durchmesser

Für 8 Personen

Herbstmenü

DAS MENÜ

FÜR 8 PERSONEN

Toskanische Bohnensuppe mit Wurst

Focaccia

Gebackene Fasanenbrust mit Bacon, Schalotten und Pilzen

Marmor-Risotto

oder

Früchte-Gratin

GETRÄNK

Merlot, italienischer Rotwein wie Sangiovese

Der Rahmen

Es macht mich immer etwas traurig, wenn die Tage kürzer werden und die Blätter fallen. Dann muntere ich mich gern mit den Köstlichkeiten der Saison auf, um den herbstlichen Trübsinn zu vertreiben.

Der Stil

Rücken Sie den Tisch in die gemütlichste Ecke des Hauses und schaffen Sie ein kuscheliges Ambiente. Wer einen Kamin hat, sollte das Essen in gemütlichen Sesseln am prasselnden Feuer servieren.

Toskanische Bohnensuppe mit Wurst

Wenn Sie statt Bohnen aus der Dose getrocknete Bohnen verwenden möchten, weichen Sie diese über Nacht ein. Dann abgießen, in einem Topf mit Wasser bedecken, 10 Minuten kochen und abgießen. Zurück in den Topf geben, wieder mit kaltem Wasser bedecken, zum Kochen bringen und 1 Stunde köcheln lassen, dabei gelegentlich umrühren und den Schaum abschöpfen.

2 Esslöffel Olivenöl

2 rote Zwiebeln, gehackt

2 Knoblauchzehen, gehackt

100 g durchwachsener Speck, gewürfelt

1 Möhre, gewürfelt

2 Selleriestangen, gewürfelt

410 g abgetropfte Cannellini-Bohnen (Konserve) oder 200 g getrocknete Bohnen, vorgegart

2 würzige, italienische Würste

1 Liter Hühnerbrühe

1 Lorbeerblatt

1 Bund glatte Petersilie, gehackt

Meersalz und frisch gemahlener schwarzer Pfeffer

Für 6 Personen

Das Öl in einem Top erhitzen. Zwiebel, Knoblauch, Speck, Möhre und Sellerie zufügen und 10 Minuten bei niedriger Temperatur andünsten, aber nicht bräunen. Bohnen, Würste, Brühe, Lorbeerblatt, Salz und Pfeffer zufügen. Aufkochen, dann abgedeckt 30 Minuten köcheln lassen. Das Fett abschöpfen. Die Würste herausnehmen, schräg in Scheiben schneiden und wieder in die Suppe geben. Mit Petersilie bestreut in tiefen Tellern servieren.

Focaccia

450 g Weizenmehl Type 1050 oder höher

1 Beutel Trockenhefe

125 ml Olivenöl extra vergine plus etwas zum Bestreichen

12 Kirschtomaten

Nadeln von 1 Zweig Rosmarin

grobes Meersalz

Backblech, leicht mit Olivenöl eingefettet

Für 6 Personen

Mehl und Hefe in die Schüssel der Küchenmaschine geben. Den Motor auf niedrige Geschwindigkeit schalten, langsam das Öl und 300 ml Wasser zugießen, bis ein weicher Teig entsteht. Den Teig auf einer leicht bemehlten Arbeitsfläche 5 Minuten kneten. Auf das vorbereitete Backblech legen und mit den Händen zu einem großen Fladen drücken. Mit Öl einpinseln, die Kirschtomaten und Rosmarinnadeln gleichmäßig verteilt in die Oberfläche drücken und mit Meersalz bestreuen. Mit einem sauberen, feuchten Geschirrtuch bedecken und an einem warmen Platz 40 Minuten gehen lassen, bis sich das Volumen verdoppelt hat.

Im vorgeheizten Ofen bei 200 °C 20 Minuten goldbraun backen.

DER ZEITPLAN

Am Vortag

- Früchte-Gratin zubereiten.
- Suppe kochen, Würste nicht aufschneiden, Petersilie nicht zugeben.

Am Festtag

- Focaccia backen.
- Fasanenbrüste in Bacon wickeln, Schalotten und Pilze vorbereiten. Abgedeckt vor der Zubereitung 1 Stunde kalt stellen.
- Risottozutaten bereitstellen, aber noch nicht kochen.

In der letzten Stunde

- Suppe erwärmen, Wurstscheiben und Petersilie zufügen.
- Fasanenbrust zubereiten.
- Risotto kochen.
- Früchte-Gratin im vorgeheizten Ofen bei 150 °C 20 Minuten überbacken.

Gebackene Fasanenbrust mit Bacon, Schalotten und Pilzen

Entscheiden Sie beim Einkauf anhand der Größe der Fasanenbrüste, ob Sie pro Person eine oder zwei benötigen. Steht Fleisch von Fasanenhennen und -hähnen zur Auswahl, wählen Sie Henne, deren Brustfleisch zarter ist. Ein ganzer Fasan reicht für zwei oder drei Personen, muss aber vor dem Servieren tranchiert werden und sieht nicht so gut aus.

6 fleischige Fasanenbrüste

12 Scheiben Bacon ohne Schwarte

6 Zweige Thymian

3 frische Lorbeerblätter, halbiert

25 g Butter

1 Esslöffel Olivenöl

12 Schalotten

100 ml trockener Sherry

6 große Champignons, geviertelt

6 dicke Scheiben Baguette

200 g Brunnenkresse

Meersalz und frisch gemahlener schwarzer Pfeffer

Für 6 Personen

Die Haut der Fasanenbrüste entfernen. Auf jede Fasanenbrust einen Zweig Thymian und $^1/_2$ Lorbeerblatt legen, dann mit 2 Scheiben Bacon umwickeln.

Butter und Öl in einem großen Bräter auf dem Herd erhitzen. Fasanenbrüste, Schalotten, Sherry, Pilze, Salz und Pfeffer zugeben. Die Fasanenbrüste im Sherry wälzen. Im vorgeheizten Backofen bei 190 °C 25 Minuten garen. Aus dem Ofen nehmen und 5 Minuten ruhen lassen. Das Brot auf Teller legen, Brunnenkresse darauf verteilen und Fleisch, Pilze und Schalotten darauf anrichten. Mit dem Bratensaft beträufeln und servieren.

Dieses süße Risotto ist unwiderstehlich: Zarte Reiskörner, in Milch gegart und mit geschmolzener Schokolade durchzogen. Pure Verführung!

Marmor-Risotto

Dieses Dessert ist eine Edelversion des bescheidenen Milchreis. Perfekt wird es, wenn Sie die Rosinen 2 Stunden in Cognac oder Whisky quellen lassen.

600 ml Milch

25 g brauner Zucker

50 g Butter

125 g Risotto-Reis (z.B. Arborio oder Carnaroli)

50 g Haselnüsse, gehackt

50 g Rosinen

50 g Vollmilchschokolade, geraspelt

50 g dunkle Schokolade (mind. 70 % Kakaoanteil), geraspelt

Für 6 Personen

Milch und Zucker in einem Topf bis an den Siedepunkt erhitzen. Die Butter in einem großen Schmortopf schmelzen, den Reis darin glasig dünsten. Eine Kelle heiße Milch zufügen und unterrühren. Wenn die Milch verdampft ist, eine weitere Kelle zufügen und wieder verrühren. Auf diese Weise kellenweise fortfahren, bis die Milch verbraucht und der Reis gar ist (ca. 25–30 Minuten). Nüsse und Rosinen einrühren. Vom Herd nehmen, die geraspelte Schokolade zugeben und nur kurz unterrühren, damit das Dessert marmoriert aussieht. Sofort servieren.

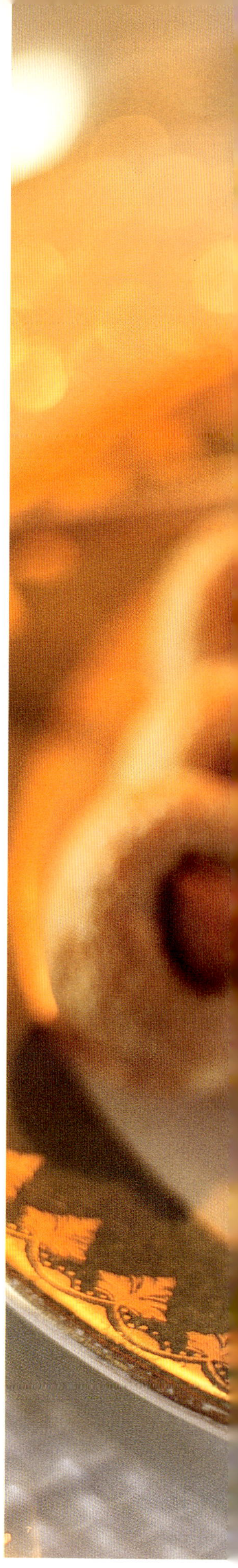

Früchte-Gratin

Ich mag dieses Gratin besonders gern mit roten, saftigen Beerenfrüchten, aber für den Biss gebe ich immer einen Kochapfel dazu.

150 g Mehl

75 g Butter, gewürfelt

100 g hellbrauner Zucker

50 g Haferflocken

500 g gemischte Früchte, z.B. Brombeeren, rote und schwarze Johannisbeeren, Himbeeren, Erdbeeren, entsteinte Pflaumen, rote Stachelbeeren

1 großer Kochapfel, entkernt, geschält und in Scheiben geschnitten

50 g brauner Zucker

Sahne oder Vanillepudding (S. 53) als Beilage

6 Ramequin-Förmchen oder eine große Form

Für 6 Personen

Für den Belag Mehl und Butter in einer Schüssel mit den Fingern zu einer krümeligen Masse verarbeiten. Braunen Zucker und Haferflocken zufügen und vermischen.

Die Früchte verlesen, Blätter und Stiele entfernen. Große Früchte in gleichmäßige Stücke schneiden und alles in eine Schüssel geben. Den Apfel untermischen. Die Fruchtmischung in die Förmchen verteilen, mit dem Zucker bestreuen und den Belag darauf geben. Im vorgeheizten Backofen bei 180 °C 40 Minuten goldbraun backen. Die Fruchtmischung soll brodeln. Mit Sahne oder Vanillepudding servieren.

Der Rahmen

Dies ist ein Menü für eine spontane Einladung am Feierabend eines Wochentages: ein unkomplizierter Salat, ein feines Risotto und je nach Vorratslage Bratäpfel oder Knusperjoghurt als Dessert. Vorarbeiten und Zubereitung sind im Handumdrehen erledigt.

Der Stil

Nehmen Sie an einem unkompliziert gedeckten Tisch Platz, stellen Sie alle Gänge in die Mitte und genießen Sie. Das Risotto wird direkt aus dem Topf serviert.

Auf die Schnelle

DAS MENÜ

FÜR 4 PERSONEN

Salat mit pochiertem Ei und Anchovis

Klassisches Risotto

Knusperjoghurt mit roten Früchten

oder

Gefüllte Bratäpfel mit Karamellsauce

GETRÄNK

Pinot Grigio, trockener Riesling, Sangiovese, Merlot

Salat mit pochiertem Ei und Anchovis

Mit einem Pürierstab rühren Sie in Sekunden ein cremiges Dressing. Von diesem Rezept mache ich immer die doppelte Menge, weil es so gut schmeckt.

Den Salat in einer großen Schüssel mit den Kapern vermischen. Die Anchovis mit Senfpulver, Essig und Öl in einer kleinen Schüssel mit dem Stabmixer zu einer glatten Masse verarbeiten.

In einem großen, weiten Topf Wasser aufkochen. Die Eier einzeln in Tassen schlagen. Das Wasser in einer Richtung rühren, bis ein Strudel entsteht. Die Eier nacheinander ins Wasser gleiten lassen, das Wasser wieder leicht zum Kochen bringen. Den Topf abdecken, vom Herd nehmen und 6 Minuten stehen lassen.

Inzwischen etwas Schnittlauch beiseite legen, den Rest zu den Salatblättern geben. Den größten Teil des Dressings zugeben, den Salat mischen und auf Teller verteilen. Die Eier mit einem Schaumlöffel aus dem Wasser nehmen, auf dem Salat anrichten. Mit dem restlichen Dressing und Schnittlauchröllchen garnieren und servieren.

200 g gemischter Blattsalat, gewaschen und trocken geschleudert

1 Esslöffel Kapern, abgespült und abgetropft

4 Anchovis-Filets, abgetropft und fein gehackt

1 Teelöffel englisches Senfpulver

1 Esslöffel Weißweinessig

3 Esslöffel Olivenöl extra vergine

4 Eier

Meersalz und frisch gemahlener schwarzer Pfeffer

1 Bund Schnittlauch, in Röllchen geschnitten

Für 4 Personen

DER ZEITPLAN

Am Vortag

- Karamellsauce zubereiten und kalt stellen. (In einem Topf aufwärmen.)

Am Festtag

- Äpfel vorbereiten, füllen und abdecken.
- Knusperjoghurt zubereiten, abdecken und kalt stellen.

In der letzten Stunde

- Salatdressing zubereiten, Eier pochieren und den Salat mischen.
- Äpfel garen.
- Risotto zubereiten.

Klassisches Risotto

Manche passionierten Köche bereiten ihre Bouillon immer selbst zu. Bewundernswert. Ich selbst schaffe das nur selten. Aber zum Glück kann man gute Brühe auch fertig kaufen.

1 Liter Gemüse- oder Hühnerbrühe

75 g Butter

1 Esslöffel Olivenöl

4 Schalotten, fein gehackt

400 g Risotto-Reis (z.B. Arborio oder Carnaroli)

$^{1}/_{2}$ Teelöffel Safran

150 ml trockener Wermut

125 g frisch geriebener Parmesan, plus etwas zum Bestreuen

Meersalz und frisch gemahlener schwarzer Pfeffer

Für 4 Personen

Die Brühe in einem Topf bis zum Siedepunkt erhitzen. 50 g Butter und das Öl in einem großen Topf erhitzen. Die Schalotten 5 Minuten andünsten, aber nicht bräunen.

Den Reis zugeben und glasig dünsten. Den Safran und eine Kelle Brühe zugeben. Unter ständigem Rühren köcheln lassen, bis der Reis die Brühe aufgenommen hat. Dann kellenweise weitere Brühe zufügen.

Wenn nach 12–15 Minuten die Brühe verbraucht ist, Wermut, Parmesan und restliche Butter unterrühren. Mit Salz und Pfeffer abschmecken und köcheln lassen, bis der Reis bissfest gar ist. Mit Parmesan bestreuen und servieren.

Knusperjoghurt mit roten Früchten

Die knusprig karamellisierten Haferflocken geben diesem einfachen Dessert Biss. Anstelle roter Früchte können Sie auch anderes Obst aus dem Vorrat verwenden – etwa Äpfel, Bananen, Pfirsiche oder Nektarinen.

50 g Haferflocken

20 g feiner, brauner Zucker

300 g gemischte Beerenfrüchte

200 ml griechischer Joghurt

4 Esslöffel flüssiger Honig

Backblech, mit Backpapier ausgelegt

Für 4 Personen

Haferflocken und Zucker in einer Schüssel vermischen. Gleichmäßig auf einem Backblech verteilen und unter dem vorgeheizten Grill goldbraun karamellisieren lassen. Auf dem Backblech abkühlen lassen.

Die Hälfte der Früchte in einer Schüssel mit der Rückseite eines Löffels grob zerdrücken. Joghurt und Haferflocken zufügen und kurz verrühren, sodass die Mischung marmoriert ist. In Gläser füllen, die restlichen Früchte und den Honig darüber geben und bis zum Servieren kalt stellen.

Ich kann mich einfach nicht entscheiden, ob der Knusperjoghurt oder die Bratäpfel besser schmecken. Servieren Sie doch beide – die Rezepte sind ganz einfach.

Gefüllte Bratäpfel mit Karamellsauce

Die Karamellsauce ist einfach unwiderstehlich, aber ab und zu ist eine Sünde erlaubt. Man kann sie 2 Wochen im Voraus zubereiten und in einem Schraubglas im Kühlschrank aufbewahrt werden. Sie schmeckt heiß und kalt, zu Eiscreme, Bananen und Schokoladenkuchen. Ich gare meistens 2 Äpfel mehr – Nachschlag wird gern genommen.

50 g Butter

3 Esslöffel brauner Zucker

50 g Rosinen

100 g getrocknete Preiselbeeren oder Cranberries

100 g getrocknete Kirschen

6 Kochäpfel, Kernhaus ausgestochen

1 Zimtstange, längs in 6 schmale Streifen gebrochen

KARAMELLSAUCE

50 g Butter

125 g hellbrauner Zucker

150 g heller Sirup

125 ml Crème double

Ofenfeste Form in ausreichender Größe für die Äpfel, leicht mit Butter gefettet

Für 4 Personen

Butter und Zucker in einer Schüssel schaumig schlagen. Die Trockenfrüchte einrühren. Die Schale der Äpfel ringsum mit einem spitzen Messer anritzen, damit sie nicht platzt. Die Äpfel in die gefettete Form setzen, mit der Fruchtmischung füllen und in jeden ein Stück Zimt stecken. Auf mittlerer Einschubleiste im vorgeheizten Backofen bei 190 °C 20 Minuten backen, dann die Temperatur auf 150 °C reduzieren und weitere 25 Minuten backen, bis die Äpfel gar sind.

Für die Sauce Butter, Zucker und Sirup in einem Topf langsam schmelzen, dann 5 Minuten leicht köcheln lassen. Vom Herd nehmen und langsam unter ständigem Rühren die Crème double einrühren. Über die Bratäpfel gießen.

Der Rahmen

Tragen Sie Tische und Stühle in den Garten. Im Stehen, beladen mit Teller und Glas, schmeckt ein feines Menü nicht halb so gut. Wer nicht genug Sitzmöbel hat, breitet große Decken aus und legt reichlich Kissen bereit.

Der Stil

Wenn die Sonne scheint und die Sommerblumen in Blüte stehen, werden überall die Grills aus dem Schuppen geholt. Es gibt sie in allen Größen und Formen. Gasgrills mögen praktisch sein, doch für den echten Grillgeschmack sorgen nur Holz oder Kohle. Dieses Menü im Büffet-Stil bietet für jeden Geschmack etwas.

DER ZEITPLAN

Am Vortag

- Tortenböden backen und kühl stellen.
- Lammfleisch über Nacht marinieren.
- Tomaten für die Salsa backen, abdecken und kalt stellen.

Am Festtag

- Obstkuchen belegen und backen.
- Bohnensalat zubereiten und abgedeckt bei Zimmertemperatur ziehen lassen.
- Croûtons und den Speck für den Friséesalat braten.
- Mindestens 1 Stunde vor Eintreffen der Gäste den Grill anheizen.

In der letzten Stunde

- Lamm grillen und Hähnchenflügel im Backofen garen.
- Salsa für den Schwertfisch zubereiten, die Auberginen vorbereiten.
- Auberginen und Zucchini grillen.
- Couscous-Salat zubereiten.
- Schwertfisch grillen.
- Sauce über die Hähnchenflügel geben.

DAS MENÜ

FÜR 8 PERSONEN

Schwertfisch mit Salsa

Hähnchenflügel mit Honig

Gegrillte Zucchini

Lammfilet mit Kurkuma und Couscous-Salat

Weiß-grüner Bohnensalat

Friséesalat mit Speck

Auberginensalat mit Feta

Torte mit Früchten der Saison und Sahne

GETRÄNKE

Tempranillo, Cabernet Sauvignon, Chardonnay (nicht in Eichenfässern gelagert)

Grillvergnügen

Schwertfisch mit Salsa

Die Salsa, die hier dem festfleischigen Fisch Pfiff gibt, passt auch zu anderen Fisch- und Fleischgerichten oder zu einer Schüssel mit frischen Ravioli ausgezeichnet. Durch das langsame Garen im Ofen werden die Tomaten weich und bekommen ein intensives Aroma.

500 g Kirschtomaten

2 rote Zwiebeln, fein gehackt

$^1/_2$ Teelöffel Chiliflocken

1 großes Bund glatte Petersilie, gehackt

6 Esslöffel Olivenöl

frisch gepresster Saft von 2 Limetten

8 Schwertfisch-Steaks à 100 g

Meersalz und frisch gemahlener schwarzer Pfeffer

Für 8 Personen

Für die Salsa die Tomaten in einer ofenfesten Form im vorgeheizten Backofen bei 150 °C 1 Stunde garen. Aus dem Ofen nehmen und abkühlen lassen.

Die Tomaten in einer Schüssel mit Zwiebeln, Chiliflocken, Petersilie, Öl, Limettensaft, Salz und Pfeffer vermischen.

Die Schwertfisch-Steaks salzen und Pfeffern. Auf dem vorgeheizten Grill bei mittlerer Temperatur von jeder Seite 4–6 Minuten garen (je nach Dicke). Mit der Salsa servieren.

Hähnchenflügel mit Honig

Von diesen Chicken Wings bleibt nichts übrig und jeder wird sich begeistert die Finger ablecken. Passen Sie aber gut auf, dass sie im Ofen nicht zu dunkel werden.

16 Hähnchenflügel

200 ml flüssiger Honig

100 ml milde Chilisauce

Meersalz und frisch gemahlener schwarzer Pfeffer

1 Bund Radieschen, geputzt (nach Belieben)

Für 8 Personen

Die Hähnchenflügel in einen eingeölten Bräter legen und im vorgeheizten Backofen bei 200 °C 40 Minuten garen. Nach der halben Garzeit wenden, damit sie rundum braun werden.

Inzwischen Honig und Chilisauce in einem kleinen Topf mit etwas Salz und Pfeffer aufkochen. Über die Hähnchenflügel gießen, gut vermischen und abkühlen lassen. Nach Belieben mit Radieschen garniert servieren.

Gegrillte Zucchini

8 Zucchini, längs in 1 cm dicke Scheiben geschnitten

Olivenöl

Balsamico-Essig

Salz und frisch gemahlener schwarzer Pfeffer

Für 8 Personen

Die Zucchini bei mittlerer Temperatur auf dem vorgeheizten Grill 3–4 Minuten von jeder Seite leicht bräunen. Auf eine Platte legen, mit Essig und Öl beträufeln, mit Salz und Pfeffer bestreuen und heiß, lauwarm oder kalt servieren.

Lammfilet mit Kurkuma und Couscous-Salat

Lammfilets sind eine echte Köstlichkeit, haben aber auch ihren Preis. Sie können für dieses Rezept auch ausgelösten Lammrücken verwenden, der leicht mit Fett marmoriert und etwas preiswerter ist.

KURKUMA-LAMM

3 Teelöffel gemahlene Kurkuma

1 Teelöffel gemahlener Zimt

3 Teelöffel mittelscharfes Currypulver

2 Knoblauchzehen, gehackt

3 Esslöffel Olivenöl

4 Esslöffel flüssiger Honig

1,5 kg Lammfilet

Meersalz und frisch gemahlener schwarzer Pfeffer

COUSCOUS-SALAT

375 g Couscous

$^1/_2$ Teelöffel Safran

25 g Butter

2 Esslöffel Olivenöl

4 Zwiebeln, in Ringe geschnitten

1 Knoblauchzehe, gehackt

100 g Pistazien ohne Schale, grob gehackt

Saft und abgeriebene Schale von 2 unbehandelten Zitronen

1 großes Bund Koriander, gehackt

Meersalz und frisch gemahlener schwarzer Pfeffer

Für 8 Personen

Kurkuma, Zimt, Currypulver, Knoblauch, Öl, Honig, Salz und Pfeffer in einer Schüssel verrühren. Sichtbares Fett vom Fleisch abschneiden, dann das Fleisch rundum mit der Würzmischung einreiben. In eine Schüssel geben, abdecken und über Nacht kalt stellen.

Für den Salat Couscous und Safran in eine große Schüssel geben. 400 ml kochendes Wasser zugießen, umrühren und 15 Minuten beiseite stellen, bis die Flüssigkeit aufgesogen ist.

Inzwischen Butter und Öl in einer großen Pfanne erhitzen. Die Zwiebeln 8 Minuten hellbraun anbraten. Den Knoblauch zufügen, 2 Minuten mitbraten. Knoblauch und Zwiebeln zum Couscous geben.

Pistazien, Zitronenschale und -saft und Koriander zugeben. Mit Salz und Pfeffer abschmecken, durchrühren und beiseite stellen.

Die Lammfilets auf dem vorgeheizten Grill bei hoher Temperatur etwa 15 Minuten garen (medium), dabei häufig wenden und mit der restlichen Marinade bestreichen. Auf ein Brett legen, aufschneiden und zum Salat servieren.

Friséesalat mit Speck

2 Köpfe Friséesalat, in Blätter zerteilt

2 Schalotten, fein gehackt

2 Esslöffel Olivenöl plus etwas zum Servieren

500 g luftgetrockneter, durchwachsener Speck, gewürfelt

2 Esslöffel Rotweinessig

1 Bund Basilikum, Blätter in Stücke gezupft

Meersalz und frisch gemahlener schwarzer Pfeffer

Für 8 Personen

Den Salat mit den Schalotten in eine große Servierschüssel geben.

Das Olivenöl in einer großen Pfanne erhitzen. Den Speck darin knusprig braun braten. Wird der Salat sofort serviert, den Speck zugeben. Andernfalls auf einem Teller abkühlen lassen.

Kurz vor dem Servieren Speck, Olivenöl, Essig, Basilikum, Salz und Pfeffer zum Salat geben, kurz mischen.

Weiß-grüner Bohnensalat

Dieses Rezept lässt sich gut variieren. Anstelle der weißen Bohnen können Sie Kichererbsen oder Große Bohnen verwenden, die grünen Bohnen können durch Kaiserschoten oder halbierte Stangenbohnen ersetzt werden.

3 Esslöffel Olivenöl

1 Esslöffel Balsamico-Essig

820 g weiße Bohnen, abgespült und abgetropft (Konserve)

300 g feine grüne Bohnen, geputzt

100 g Kürbiskerne

Meersalz und frisch gemahlener schwarzer Pfeffer

Für 8 Personen

Essig und Öl in eine große Servierschüssel geben. Die weißen Bohnen zugeben und beiseite stellen. Die grünen Bohnen in einem Topf mit kochendem Salzwasser 3 Minuten blanchieren, dann mehrmals eiskalt abschrecken und abtropfen lassen. Grüne Bohnen und Kürbiskerne zu den weißen Bohnen geben. Mit Salz und Pfeffer würzen und servieren.

Torte mit Früchten der Saison und Sahne

Haben Sie den Teig erst einmal vorbereitet, ist die restliche Arbeit ganz einfach: Mit Früchten der Saison füllen und langsam backen. Geeignet sind Aprikosen, Pflaumen, Kirschen, Äpfel, Blaubeeren, Pfirsiche und Nektarinen. Wenn der Teig beim Auslegen der Formen reißt, flicken Sie ihn mit Stücken, die beim Zuschneiden abfallen. Die schönen Früchte verdecken die kleine Mogelei.

600 g Mehl, plus etwas zum Bestäuben

600 g weiche Butter, gewürfelt

180 g Puderzucker, plus etwas zum Bestäuben

3 Eigelb

1,5 kg Früchte, geputzt

500 ml Sahne

2 Obstkuchen-Formen mit losem Boden (28 cm Durchmesser)

Für 2 Personen

Für den Teig Mehl, Butter und Puderzucker im Mixer kurz vermischen. Die Eigelb zugeben und alles zu einem festen Teig verkneten. Den Teig in zwei Portionen teilen, in Frischhaltefolie wickeln und 40 Minuten kalt stellen.

Eine Teigportion auf eine kühle, leicht bemehlte Fläche legen und behutsam flach drücken. Die Teigrolle mit etwas Mehl bestäuben, damit der Teig nicht anklebt. Den Teig zu einem großen Kreis in der Größe der Form ausrollen, in die Form legen und am Rand hoch ziehen. Den Rand gerade schneiden. Die zweite Teigportion in eine weitere Form einpassen. Dann beide Formen abdecken und 25 Minuten kalt stellen.

Die Früchte je nach Größe ganz lassen, halbieren oder würfeln. Vom Rand zur Mitte die Tortenböden eng auslegen, die Früchte schrumpfen beim Backen. Im vorgeheizten Backofen bei 180 °C 35 Minuten backen, dann die Temperatur auf 150 °C reduzieren und weitere 55 Minuten backen, bis der Teig knusprig und goldbraun ist. Aus dem Ofen nehmen und dick mit Puderzucker bestäuben. Heiß, lauwarm oder kalt mit flüssiger Sahne servieren.

Auberginensalat mit Feta

Wenn Sie einen guten griechischen Lebensmittelladen kennen, kaufen Sie den Schafskäse dort. Meist gibt es mehrere Sorten in unterschiedlicher Schärfe und Sie dürfen probieren, welcher Ihnen am besten schmeckt.

4 Esslöffel Olivenöl

1 Teelöffel gemahlener Kreuzkümmel (Kumin)

1 Teelöffel gemahlener Koriander

3 mittelgroße Auberginen, in 2,5 cm dicke Scheiben geschnitten

200 g Fetakäse, zerkrümelt

100 g Pinienkerne, ohne Fett in einer Pfanne geröstet

1 Bund Minze, gehackt

Meersalz und frisch gemahlener schwarzer Pfeffer

Für 8 Personen

Öl, Kreuzkümmel und Koriander in einer Schüssel mit Salz und Pfeffer verrühren. Die Auberginen auf beiden Seiten mit dem Würzöl bestreichen und auf dem vorgeheizten Grill bei hoher Temperatur von jeder Seite 3–4 Minuten garen und bräunen. In eine große Schüssel geben, mit dem Käse, den Pinienkernen und der Minze vermischen. Heiß, lauwarm oder kalt servieren.

Menü ohne Mühe

Der Rahmen

Bei diesem Menü kommt das Auge auf seine Kosten, ohne dass besonders viel Arbeit anfällt. Die Gerichte sind unkompliziert und schnell zubereitet, sehen aber hinreißend aus.

Der Stil

Als Bühnenbild für diese Gourmet-Inszenierung eignet sich ein modern, aber edel gedeckter Tisch mit feinem Geschirr und schönen Gläsern.
Es ist ein Menü für Stil-Fans, denen an der Präsentation ebenso viel wie am Essen selbst liegt.

DER ZEITPLAN

Am Vortag

- Apfelkuchen oder Pfirsiche backen
- Sahne vorbereiten, abdecken und kalt stellen.

Am Festtag

- Auberginen und Tomaten garen, Dressing zubereiten.
- Kartoffeln für die Wachteln häuten und würfeln.

In der letzten Stunde

- Artischocken putzen und kochen.
- Salat mischen und Parmaschinken grillen.
- Spaghetti und Wachteln zubereiten.
- Pfirsichdessert zubereiten.

DAS MENÜ
FÜR 4 PERSONEN

Schnelle Artischocken

Salat mit Auberginen und Parmaschinken

Spaghetti mit Wachteln und Spargel

Norwegischer Apfelkuchen

oder

Gebackene Pfirsiche mit Rhabarber und Mascarpone

GETRÄNKE

Chardonnay, Zinfandel

Schnelle Artischocken

Legen Sie zu diesem Gang reichlich Servietten bereit.

4 mittelgroße Artischocken ohne Stiel

Olivenöl extra vergine zum Servieren

Für 4 Personen

Die Artischocken mit dem Stielansatz nach unten in einen großen Topf legen, mit Wasser bedecken und aufkochen. 40 Minuten garen, bis sich ein äußeres Blatt leicht abzupfen lässt. Abgießen, dann die Artischocken kopfüber in ein Sieb legen und abtropfen lassen. Warm mit Olivenöl zum Eintunken servieren.

Salat mit Auberginen und Parmaschinken

Parmaschinken wird unter dem Grill herrlich knusprig. Beeindrucken Sie Ihre Gäste mit diesem Geheimnis.

200 g Kirschtomaten

2 kleine Auberginen, längs in Scheiben geschnitten

2 Esslöffel Olivenöl

4 Scheiben Parmaschinken

1 Bund Rucola

Salz und frisch gemahlener schwarzer Pfeffer

DRESSING

1 Esslöffel Balsamico-Essig

1 Esslöffel Dijon-Senf

3 Esslöffel Olivenöl extra vergine

Salz und frisch gemahlener schwarzer Pfeffer

Für 4 Personen

Die Oberseiten der Tomaten abschneiden und anderweitig verwenden. Die Tomaten mit der Schnittseite nach oben in einen eingeölten Bräter setzen. Die Auberginen zufügen. Mit Olivenöl beträufeln, salzen und pfeffern. Im vorgeheizten Backofen bei 180 °C 15 Minuten garen. Die Temperatur auf 150 °C reduzieren und weitere 15 Minuten garen, bis die Haut der Tomaten geplatzt ist. Aus dem Ofen nehmen und beiseite stellen. Den Parmaschinken unter dem heißen Grill von jeder Seite 3 Minuten knusprig braten.

Essig und Senf in einer kleinen Schüssel verrühren. Langsam das Öl unterrühren. Mit Salz und Pfeffer abschmecken. Rucola, gebackene Auberginen und Tomaten auf Teller verteilen, die Schinkenscheiben darauf legen und heiß oder zimmerwarm servieren.

- 2 große, reife Tomaten
- 300 g Spaghetti
- 4 Wachtel- oder Hähnchenbrustfilets à 100 g
- 300 g Spargel, geputzt
- 200 g feine grüne Bohnen
- 75 schwarze Oliven ohne Stein, gehackt
- Meersalz und frisch gemahlener schwarzer Pfeffer
- Parmesanspäne zum Servieren

Für 4 Personen

Spaghetti mit Wachteln und Spargel

Eine herrliche Kombination zarter, frischer Aromen, und alles aus einem Topf. Die Spaghetti nehmen die würzige Brühe auf und sehen sehr appetitlich aus. Sie können auch anderes Fleisch oder Fischfilet mit kurzer Garzeit verwenden.

Die Tomaten am Stielansatz kreuzweise einschneiden, in eine Schüssel geben und mit kochendem Wasser übergießen. Nach 30 Sekunden abgießen, häuten und hacken.

In einem großen Topf Wasser aufkochen, die Spaghetti zufügen und umrühren. Dann die Wachtelbrustfilets auf die Nudeln legen. Abdecken und 8 Minuten köcheln lassen. Spargel und Bohnen zufügen, wieder abdecken und nochmals 3 Minuten köcheln lassen, bis Nudeln und Fleisch gar sind. Abgießen und die Brühe für eine Suppe oder Sauce aufbewahren.

Das Fleisch auf ein Schneidebrett legen und locker mit Alufolie abdecken. Die Spaghetti wieder in den Topf geben, auf mittlere Temperaturstufe schalten und Öl. Oliven, Tomaten, Salz und Pfeffer zufügen. unter gelegentlichem Rühren 2 Minuten erhitzen, dann auf vorgewärmte Teller verteilen. Das Fleisch in Scheiben schneiden und auf den Nudeln anrichten. Mit Parmesanspänen, Salz und Pfeffer bestreuen, mit etwas Olivenöl beträufeln und servieren.

Gebackene Pfirsiche mit Rhabarber und Mascarpone

Gebackene Pfirsiche sind nicht ganz neu, doch diese Kombination mit Rhabarberkompott und Mascarpone ist eine angenehme Überraschung.

4 weiche, saftige Pfirsiche oder Nektarinen, halbiert und entsteint

275 g Rhabarber, in 2 cm lange Stücke geschnitten

4 Esslöffel Crème double

75 g hellbrauner Zucker

4 Esslöffel Mascarpone

Backform, leicht gebuttert

Für 4 Personen

Die Pfirsichhälften mit der Schale nach unten nebeneinander in die Backform setzen und im vorgeheizten Backofen bei 200 °C 15 Minuten backen, bis sie weich und karamellisiert sind.

Inzwischen den Rhabarber mit 1 Esslöffel Wasser in einem kleinen Topf aufkochen. Die Temperatur reduzieren und abgedeckt 10 Minuten köcheln lassen. Vom Herd nehmen und abgedeckt abkühlen lassen.

Die Crème double in einer Schüssel leicht aufschlagen. Zucker und Mascarpone zufügen und glatt rühren. Den Rhabarber zufügen, unterrühren und nach Bedarf nachsüßen. Zu den gebackenen Pfirsichen geben und mit dem ausgetretenen Saft beträufeln.

Norwegischer Apfelkuchen

Ein prima Rezept für Überraschungsgäste, weil fast jeder die Zutaten im Vorratsschrank hat. Die Äpfel können Sie auch durch Birnen oder Pflaumen ersetzen.

2 Eier

250 g hellbrauner Zucker

100 g Butter

150 ml Milch

4 Kochäpfel, entkernt, geschält und in Scheiben geschnitten

175 g Mehl

2 Teelöffel Backpulver

1/2 Teelöffel frisch geriebene Muskatnuss

Schlagsahne oder Vanilleeis zum Servieren

flache, ofenfeste Form mit 30 cm Durchmesser, gebuttert

Für 4 Personen

Die Eier in einer großen Schüssel mit 200 g Zucker schaumig schlagen. Butter und Milch in einem Topf erhitzen, bis die Butter geschmolzen ist. Inzwischen die gebutterte Form mit den Apfelscheiben auslegen.

Die heiße Butter-Milch-Mischung langsam unter ständigem Rühren zur Eiermasse gießen. Die Mischung über die Äpfel gießen, mit dem restlichen Zucker und der Muskatnuss bestreuen. im vorgeheizten Backofen bei 180 °C 20–25 Minuten backen, bis der Teig goldbraun aufgegangen ist. Heiß oder kalt mit Schlagsahne oder Vanilleeis servieren.

DAS MENÜ

FÜR 4 PERSONEN

Gebackener Fenchel mit Schalotten

Lammtopf

Knoblauchbrot mit Petersilie

Warmer Schoko-Mokka-Pudding

GETRÄNKE

Shiraz, Merlot, Cabernet Sauvignon

- 2 Fenchelknollen
- 4 Schalotten, gehackt
- 1 Teelöffel hellbrauner Zucker
- 3 Esslöffel Olivenöl
- 1 Knoblauchzehe, fein gehackt
- 2,5 cm frischer Ingwer, geschält und gehackt
- 1 Bund Frühlingszwiebeln, in Ringe geschnitten
- 1 Esslöffel Sesamöl
- frisch gepresster Saft von 1 Zitrone
- 1/2 Teelöffel Chilipulver
- Meersalz und frisch gemahlener schwarzer Pfeffer

Für 8 Personen

Gebackener Fenchel mit Schalotten

Fenchel sieht hübsch aus und ist sehr vielseitig. Man kann ihn zusammen mit anderen Gemüsesorten backen oder roh geraspelt als Salat servieren. Fenchelknollen gibt es in zwei Formen: lang und schlank oder dick und rund. Die schlanken sind die männlichen, die runden die weiblichen – hätten Sie das gewusst?

Die Wurzel- und Stielansätze der Fenchelknollen abschneiden. Jede Knolle längs vierteln, den harten Strunk ausschneiden. In eine ofenfeste Form legen, Schalotten, Zucker und 2 Esslöffel Olivenöl zugeben. Gut vermischen und im vorgeheizten Backofen bei 160 °C 30 Minuten garen.

Das restliche Olivenöl in einem kleinen Topf erhitzen, Knoblauch und Ingwer bei niedriger Temperatur 10 Minuten andünsten. Frühlingszwiebeln, Sesamöl, Zitronensaft und Chilipulver zufügen, mit Salz und Pfeffer abschmecken. Leicht köcheln lassen, dann über den gebackenen Fenchel gießen. Den Fenchel mit Sauce und Kochsud servieren.

Warmes im Winter

Der Rahmen

Ein gemütliches Essen mit herzhaften, wärmenden Speisen kann alle Strand- und Bikiniträume verscheuchen. Solche langsam gegarten, würzigen Gerichte sind ideal für einen langen Winterabend – eine wahre kulinarische Kuscheldecke.

Der Stil

Zu diesem Menü aus einfachen, bodenständigen Gerichten passt am besten ein ländlich gedeckter Tisch mit rustikalen Sets, Steingut-Geschirr und traditionellem Besteck.

Lammtopf

Diesen herrlichen Schmortopf können Sie vorbereiten und kurz vor dem Servieren aufwärmen. Das erleichtert die Arbeit und verbessert seinen Geschmack. Die Gemüsesorten können beliebig ausgetauscht werden. Probieren Sie Porree, Blumenkohl, Brokkoli, Spargel, Pastinaken, weiße Rüben, Kürbis oder Süßkartoffeln – oder was Sie besonders gern mögen.

2 kg Lammkeule oder -schulter ohne Knochen, gewürfelt

3 Esslöffel Olivenöl

3 Esslöffel Mehl

1 Liter Gemüsebrühe

820 g gewürfelte Tomaten (Konserve)

1 Esslöffel Tomatenmark

150 ml Rotwein

2 Lorbeerblätter

2 Stiele Majoran

$^1/_2$ Teelöffel Rosenpaprika

2 Knoblauchzehen, fein gehackt

8 Schalotten

300 g kleine Möhren, gebürstet

300 g neue Kartoffeln, gebürstet

3 Selleriestangen, in Stücke geschnitten

100 g Schneidebohnen, in Stücke geschnitten

50 g Wirsingkohl, in grobe Stücke geschnitten

Meersalz und frisch gemahlener schwarzer Pfeffer

Für 8 Personen

Das sichtbare Fett vom Fleisch abschneiden. Das Öl in einem großen Bräter erhitzen und das Fleisch rundherum braun anbraten. Je nach Größe des Bräters eventuell in Portionen arbeiten.

Das gesamte Fleisch wieder in den Bräter geben, dünn mit Mehl bestäuben und vermischen. Wiederholen, bis das Mehl verbraucht ist. Brühe, Tomaten, Tomatenmark, Wein, Kräuter, Paprika, Knoblauch und Schalotten zufügen, alles verrühren und zum Kochen bringen. Die Temperatur reduzieren und 1 Stunde unter gelegentlichem Rühren Köcheln lassen. Mit Salz und Pfeffer abschmecken.

Wer das Gericht vorbereitet, lässt es nun abkühlen und stellt es über Nacht in den Kühlschrank. Möhren, Kartoffeln und Sellerie zufügen und 15 Minuten mitgaren. Bohnen und Wirsingkohl zugeben und vorsichtig unterheben. Abgedeckt 5 Minuten köcheln lassen, dann zu Knoblauchbrot servieren.

DER ZEITPLAN

Am Vortag

- Lamm vorbereiten, wie im Rezept angegeben. Abdecken und kalt stellen.
- Schoko-Mokka-Pudding und Sauce zubereiten, abdecken und kalt stellen.

Am Festtag

- Dressing zum Fenchel zubereiten.

In der letzten Stunde

- Lamm erhitzen, Gemüse zugeben und fertig garen.
- Fenchel garen.
- Knoblauchbrot backen.
- Pudding und Sauce erhitzen (In der Mikrowelle auf mittlerer Stufe: Pudding 6–7 Minuten, Sauce 3 Minuten).

Knoblauchbrot mit Petersilie

Dieses Brot ist wunderbar zum Auftunken all der leckeren Säfte und Saucen. Probieren Sie auch einmal andere Brotsorten aus.

2 Laibe Ciabatta, längs aufgeschnitten

3–4 Knoblauchzehen, fein gehackt

1 Bund glatte Petersilie, gehackt

1/2 Teelöffel Chiliflocken

Olivenöl

Meersalz und frisch gemahlener schwarzer Pfeffer

Für 8 Personen

Die Schnittflächen der Brote mit Knoblauch, Petersilie, Chiliflocken, Salz und Pfeffer gleichmäßig bestreuen. Mit reichlich Olivenöl beträufeln und unter dem vorgeheizten Grill goldbraun überbacken. In handliche Stücke schneiden und heiß zur Lammtopf servieren.

Warmer Schoko-Mokka-Pudding

Dieses Dessert können Sie vorbereiten und kurz vor dem Essen aufwärmen. Sparen Sie bei der Sauce nicht an den Zutaten, damit sie schön cremig wird und glänzt. Sie schmeckt auch gut zu pochierten Birnen, Eiscreme und anderen Desserts.

2 Teelöffel Instant-Kaffee

175 g Butter

175 g hellbrauner Zucker

2 große Eier

225 g Mehl

2 gehäufte Teelöffel Backpulver

50 g Kakaopulver

Sahne als Beilage

SCHOKOLADENSAUCE

100 g dunkle Schokolade (70 % Kakaoanteil), in Stücke gebrochen

100 g Butter

50 g hellbrauner Zucker

200 ml Crème double

Wasserbadform, 1 Liter, gebuttert

Alufolie oder Pergamentpapier, gebuttert

Für 8 Personen

Das Kaffeepulver in einer kleinen Tasse mit 1 Esslöffel kochendem Wasser auflösen. In einen Topf, in den die Wasserbadform passt, 10 cm hoch Wasser gießen. Butter und Zucker in einer Schüssel mit dem elektrischen Handrührer hellschaumig schlagen. Eier und Kaffee zufügen und nochmals aufschlagen.

Mehl und Kakaopulver darüber sieben und mit einem großen Metalllöffel unterheben. Wenn der Teig zu fest ist, etwas Milch zugeben. Den Teig in die vorbereitete Wasserbadform geben und fest mit gebutterter Folie verschließen. Die Form ins Wasser setzen, den Topf abdecken und zum Kochen bringen. Bei niedriger Temperatur 1 $^1/_2$ Stunden köcheln lassen, Bei Bedarf heißes Wasser nachgießen. Die Form aus dem Wasserbad nehmen und den Pudding vorsichtig auf eine Platte stürzen. Heiß oder lauwarm mit Schokoladensauce und Sahne servieren.

Für die Sauce Schokolade, Butter, Zucker und Sahne in einem kleinen Topf langsam erhitzen und unter ständigem Rühren schmelzen. Vom Herd nehmen und bis zum Servieren beiseite stellen.

DAS MENÜ
FÜR 4 PERSONEN

Rübensuppe mit Estragon-Öl

Pochierte Pilze mit Eiernudeln

Parmesanplätzchen

Gebackenes Gemüse mit Kichererbsen und Tomatensauce

Brombeer-Apfel-Pastete mit Vanillepudding

GETRÄNKE

Sauvignon Blanc, Gamay

Ländlich-vegetarisch

Der Rahmen

Lässig, entspannt und unkompliziert: Bei diesem Menü kann man wunderbar mit guten Freunden plaudern und lachen. Die Rezepte schöpfen die ganze Pracht und Frische des Marktes aus und platzen geradezu von Farbe und Aroma. Probieren Sie ein rundum natürliches Menü, das nach Ferien auf dem Lande schmeckt.

Der Stil

Stellen Sie sich einen Bauernmarkt oder einen Küchengarten vor und übertragen Sie den rustikalen Stil auf den Tisch. Hier dürfen Teller, Besteck und Schüsseln gern bunt zusammengewürfelt sein. Blumen und Kräuter aus dem Garten sorgen für die passende Country-Atmosphäre.

DER ZEITPLAN

Am Vortag

- Suppe und Tomatensauce zubereiten und abgedeckt kalt stellen.
- Teig zubereiten und eingewickelt kalt stellen.
- Parmesanplätzchen backen und in eine luftdichte Dose packen.

Am Festtag

- Pastete zubereiten und backen.
- Vanillepudding kochen und mit Frischhaltefolie abdecken.

In der letzten Stunde

- Gemüse vorbereiten und backen.
- Pochierte Pilze zubereiten.
- Estragon-Öl zubereiten.
- Tomatensauce erwärmen.
- Vanillepudding erwärmen.

Rübensuppe mit Estragon-Öl

Auch an kalten Wintertagen ist diese nahrhafte, cremige Suppe eine besondere Wohltat. Am besten schmeckt dazu reichlich ofenfrisches Brot und kalte Butter. Mit dem grünen Estragon-Öl bekommt diese bodenständige Suppe eine ungewöhnliche, moderne Note.

Das Öl in einem großen Topf langsam erhitzen. Zwiebel, Knoblauch und Sellerie zufügen und 5 Minuten andünsten. Pastinaken, Steckrübe und Mohrrüben zufügen und 3 Minuten mitdünsten. Das Brühe-Granulat mit 1,5 Litern kochendem Wasser zum Gemüse geben. Salzen und pfeffern, aufkochen und 35 Minuten köcheln lassen, bis das Gemüse gar ist. Vom Herd nehmen und im Mixer glatt pürieren.

Den Estragon in einer Schüssel mit Zitronensaft und Öl verrühren und mit einem Stabmixer glatt pürieren. Die Suppe in vorgewärmte Teller füllen und mit einem Schnörkel des grünen Kräuteröls garnieren.

1 Esslöffel Olivenöl

2 Zwiebeln, gehackt

1 Knoblauchzehe, gehackt

3 Selleriestangen, gehackt

400 g Pastinaken, gewürfelt

400 g Steckrübe, gewürfelt

400 g Mohrrüben, gewürfelt

3 $^1/_2$ Teelöffel Granulat für Gemüsebrühe

Meersalz und frisch gemahlener schwarzer Pfeffer

ESTRAGON-ÖL

1 Bund Estragon, fein gehackt

frisch gepresster Saft von $^1/_2$ Zitrone

4 Esslöffel Olivenöl

Für 4 Personen

Pochierte Pilze mit Eiernudeln

Dieses Nudelgericht hat ein sehr klares, natürliches Aroma. Anstelle der Pilze könnten Sie auch Tofu, Hähnchenbrust oder ein Stück geräucherten Heilbutt mit Haut verwenden.

4 große braune Champignons

4 dünne Porreestangen, geputzt

4 Schalotten

2 Lorbeerblätter

200 g getrocknete Eiernudeln

2 Zucchini, in Scheiben geschnitten

100 g Mini-Maiskolben, geputzt

100 g Schneidebohnen, schräg in Stücke geschnitten

100 g Blattspinat, gewaschen und grob zerpflückt

1 Esslöffel Sojasauce

Meersalz und frisch gemahlener schwarzer Pfeffer

Für 4 Personen

Die Pilze mit Porree, Schalotten, Lorbeerblättern, Salz und Pfeffer in einen Topf geben. Mit Wasser bedecken und bis zum Siedepunkt erhitzen. Abdecken und 20 Minuten köcheln lassen. Die Nudeln und bei Bedarf etwas mehr Wasser zugeben. Zucchini, Maiskolben, Bohnen, Spinat und Sojasauce zufügen und 4 Minuten köcheln lassen, bis die Nudeln und alle Gemüsesorten bissfest gar sind. In Schälchen mit einer Kelle Kochsud servieren.

Parmesanplätzchen

275 g Parmesan, gerieben

Backblech, mit Backpapier ausgelegt

Ergibt 20 Stück

Auf das Backblech gleichmäßige Häufchen vom geriebenen Parmesan setzen und leicht flach drücken. Im vorgeheizten Backofen bei 190 °C 5 Minuten backen. Das Papier mitsamt den Plätzchen vom Blech ziehen. Das Blech mit neuem Papier auslegen und den restlichen Käse ebenso verarbeiten. Zum gebackenen Gemüse servieren.

Gebackenes Gemüse mit Kichererbsen und Tomatensauce

Ein ganz unkompliziertes Rezept. Die Tomatensauce wird am Vortag zubereitet, denn durch das Aufwärmen wird sie noch besser.

1 Butternut-Kürbis oder $^{1}/_{2}$ Gartenkürbis, mit Kernen und Schale in Spalten geschnitten

3 kleine rote Zwiebeln, in Spalten geschnitten

8 kleine neue Kartoffeln, halbiert

2 Fenchelknollen, geputzt und in Spalten geschnitten

3 Esslöffel Olivenöl

410 g Kichererbsen, abgespült und abgetropft (Konserve)

Meersalz und frisch gemahlener schwarzer Pfeffer

TOMATENSAUCE

2 Esslöffel Olivenöl

1 Zwiebel, gehackt

2 Selleriestangen, gehackt

1 Porreestange, gehackt

1 Knoblauchzehe, gehackt

410 g gewürfelte Tomaten (Konserve)

1 Esslöffel Tomatenmark

100 ml Rotwein

Meersalz und frisch gemahlener schwarzer Pfeffer

Für 4 Personen

Kürbis, Zwiebeln, Kartoffeln und Fenchel in einen Bräter legen. Mit Öl beträufeln, salzen und pfeffern. Das Gemüse im Öl wenden, dann im vorgeheizten Backofen bei 200 °C 45 Minuten garen. Nach 30 Minuten prüfen, ob das Gemüse gleichmäßig gart, bei Bedarf die Stücke wenden. Die Kichererbsen zugeben und weitere 5–10 Minuten backen, bis das Gemüse gar und braun ist.

Für die Sauce das Öl in einem Topf erhitzen. Zwiebel, Porree und Knoblauch 5 Minuten weich dünsten. Tomaten, Tomatenmark und Rotwein zufügen. 30 Minuten leicht köcheln lassen. Wenn die Sauce zu stark eindickt, etwas Rotwein zugeben. Mit einem Stabmixer glatt pürieren, mit Salz und Pfeffer abschmecken und zu Parmesanplätzchen und Ofengemüse servieren.

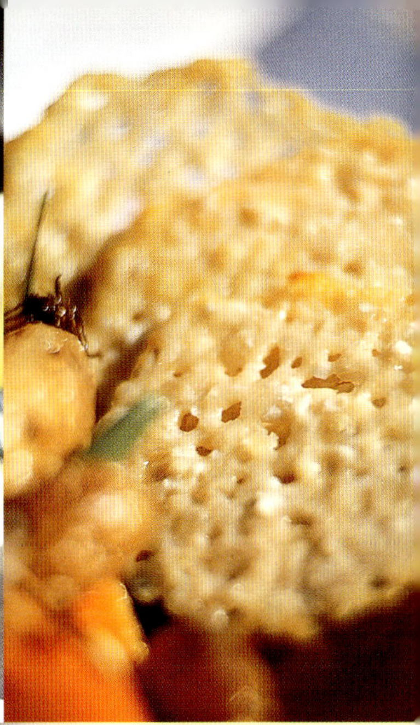

Brombeer-Apfel-Pastete

Verwenden Sie für diese Pastete unbedingt eine Form aus Metall, das heißer wird als Keramik. Nur so wird der Teig herrlich knusprig und knackig.

TEIG

350 g Mehl

200 g Butter, gewürfelt

80 g hellbrauner Zucker plus etwas zum Bestreuen

3–4 Eigelb

Milz zum Bestreichen

FÜLLUNG

800 g Kochäpfel, entkernt, geschält und in Scheiben geschnitten

400 g Brombeeren

100 g hellbrauner Zucker

Vanillepudding (rechts unten) als Beilage

Metall-Obstkuchenform, 25 cm Durchmesser, leicht gebuttert

Für 4 Personen

Mehl und Butter mit der Küchenmaschine zu einer krümeligen Masse verarbeiten. Den Zucker zugeben und kurz unterrühren. Bei laufendem Motor 3 Eigelb einzeln zugeben, bis der Teig zusammenhält. Das vierte Eigelb nur verwenden, wenn der Teig zu trocken ist. Den Teig auf einer leicht bemehlten Arbeitsfläche glatt kneten. In zwei Portionen teilen, in Frischhaltefolie wickeln und 40 Minuten kalt stellen.

1 Teigportion aus dem Kühlschrank nehmen und etwas größer als die Form ausrollen. In die Form legen, am Rand hochziehen und Luftblasen am Boden ausstreichen. Äpfel, Brombeeren und Zucker auf den Teig häufen. Den Teigrand mit Milch bestreichen.

Die zweite Teigportion etwas größer als die Form ausrollen, über die Früchte legen. Den Teigrand gerade schneiden, dann die Ränder von Teigboden und -deckel mit den Fingern fest zusammendrücken. Mit einem scharfen Messer in die Mitte eine kleine Öffnung schneiden, durch die der Dampf entweichen kann.

Den Teig mit Milch einpinseln, großzügig mit Zucker bestreuen und im vorgeheizten Backofen bei 220 °C 30 Minuten backen. Die Temperatur auf 180 °C reduzieren und weitere 30 Minuten goldbraun backen. Mit heißem Vanillepudding servieren.

Der einzig wahre Vanillepudding

Für dieses Rezept brauchen Sie etwas Zeit und Geduld, damit er schön glänzt. Kochen Sie auf schwacher Hitze, sonst gerinnen die Eier.

2 Vanilleschoten

350 ml Milch

250 ml Crème double

75 g hellbrauner Zucker

4 große Eigelb

Für 4 Personen

Die Vanilleschoten längs aufschlitzen und die Samen in die Milch schaben. Vanillemilch, Sahne und Zucker in einem kleinen Topf vorsichtig bis kurz vor den Siedepunkt erhitzen, dann auf niedrigste Temperaturstufe umschalten. Die Eigelb in einer Schüssel cremig schlagen. Etwas von der heißen Milchmischung zugeben und wieder aufschlagen. Die Eiermischung unter ständigem Rühren in den Topf geben. Bei ganz schwacher Hitze köcheln, dabei ständig mit einem Holzlöffel rühren, bis der Pudding eindickt. Das dauert etwa 6 Minuten.

Sonntagsmenü

Der Rahmen

Für mich ist das Sonntagsessen noch immer etwas Besonderes. Die Woche ist hektisch, doch am Wochenende hat man Zeit zum ausgiebigen Kochen. Ich werkele gern in der Küche und bereite eine große Mahlzeit vor, vielleicht bei leiser Musik und zwischen den Vorbereitungen einem Blick in die Zeitung. Später zieht dann der würzige Duft des Bratens durch das ganze Haus.

Der Stil

Dies ist ein Menü für die Familie. Stellen Sie alles bereit und lassen Sie die Kinder den Tisch decken – auch wenn es etwas chaotisch wird. So ein Braten hat etwas Traditionelles, da darf ruhig das gute Geschirr und das Silber einmal aus dem Schrank geholt werden.

DAS MENÜ
FÜR 8 PERSONEN

Fladenbrot mit Stilton und Salbei

Rinderbraten aus dem Ofen

Yorkshire Pudding mit Meerrettich

Geröstete Kartoffeln und Pastinaken

Möhren-Spinat-Gemüse

Trifle mit Vin Santo

GETRÄNKE

Shiraz, Merlot, Cabernet Sauvignon

DER ZEITPLAN

Am Vortag

- Trifle zubereiten und abgedeckt kalt stellen.

Am Sonntag

- Backofen vorheizen.
- Fleisch vorbereiten, die Garzeit berechnen und rechtzeitig in den vorgeheizten Ofen schieben.
- Fladenbrot backen und zum Aperitif servieren.
- Kartoffeln vorkochen und in den Ofen schieben. Pastinaken vorkochen, abgießen (Kochwasser auffangen) und beiseite stellen.
- Möhren kochen, abgießen (Kochwasser auffangen) und im Ofen warm halten.
- Pastinaken zu den Kartoffeln geben.
- Yorkshire Puddings vorbereiten und garen.
- Fleisch aus dem Ofen nehmen und warm stellen. Sauce zubereiten.
- Mohrrüben stampfen, Spinat zufügen und garen, während jemand den Braten aufschneidet.

Fladenbrot mit Stilton und Salbei

Eine köstliche Knabberei, die Sie Freunden oder Familienmitgliedern als Begrüßung zum Aperitif servieren. Wer keinen Stilton mag, verwendet stattdessen einen anderen Blauschimmelkäse wie Roquefort oder Gorgonzola oder einen Hartkäse wie reifen Cheddar oder alten Gouda.

500 g Mehl
1 Teelöffel Backpulver
225 ml griechischer Joghurt
100 g Butter, geschmolzen
2 Eier, verquirlt
3 Esslöffel frisch gehackte Salbei
100 g Stilton, zerkrümelt

Backblech, leicht eingeölt

Für 8 Personen

Mehl und Backpulver in eine Schüssel sieben, in die Mitte eine Vertiefung drücken. Joghurt, flüssige Butter, Eier und Salbei in einer zweiten Schüssel verrühren. Die Mischung in die Vertiefung im Mehl geben und alles mit einem Holzlöffel gut verrühren.

Den Teig zur Kugel formen und auf dem vorbereiteten Backblech zu einem Kreis von 30 cm Durchmesser ausrollen. Im vorgeheizten Backofen bei 180 °C 20 Minuten backen. Aus dem Ofen nehmen, mit dem zerkrümelten Stilton bestreuen und weitere 10 Minuten backen. Aus dem Ofen nehmen und in der Form etwas abkühlen lassen. Dann auf ein großes Brett legen, in Tortenstücke schneiden und servieren.

Rinderbraten aus dem Ofen

Diesen absolut klassischen Rinderbraten serviere ich sehr gern zu Familientreffen im Winter, wenn sich alle Zeit am Tisch lassen mögen und alte Geschichten hervorkramen. Lassen Sie sich den Braten beim Schlachter auslösen und rollen, aber nehmen Sie die Knochen mit. Sie geben der Sauce das gute Aroma – und was wäre ein Sonntagsbraten ohne Sauce!

3 kg Rinderbraten (Hohe Rippe)

2 Esslöffel Mehl

2 Teelöffel englisches Senfpulver

2 Teelöffel frisch gemahlener schwarzer Pfeffer

1 Teelöffel Öl

SAUCE

1 Esslöffel Mehl

Aufgefangenes Kochwasser der Pastinaken und Möhren

1 Spritzer Worcestershiresauce

Salz und frisch gemahlener schwarzer Pfeffer

Für 8 Portionen

Mehl, Senfpulver und Pfeffer in einer kleinen Schüssel vermischen. Das Fleisch rundum mit der Mischung einreiben. Das Öl in einem großen Bräter erhitzen, den Braten hineinlegen und im vorgeheizten Ofen bei 200 °C 20 Minuten garen. Dann die Temperatur auf 180 °C reduzieren. Nach 20 Minuten pro 500 g ist das Fleisch rosa, nach 25 Minuten pro 500 g medium und nach 30 Minuten pro 500 g durchgebraten. Das Fleisch aus dem Ofen nehmen und 20 Minuten ruhen lassen. Inzwischen den Yorkshire-Pudding zubereiten (rechts).

Das Fleisch aus dem Bräter nehmen, das Fett abgießen. Das Mehl in den Bräter geben und mit dem Bratensatz zu einer Paste verrühren. Auf dem Herd bei hoher Temperatur erhitzen, allmählich Gemüsekochwasser zugießen und den Bratensatz vom Boden losrühren, bis die Sauce die gewünschte Konsistenz hat. Aufkochen, mit Salz, Pfeffer und Worcestershiresauce abschmecken, in eine Sauciere füllen und bis zum Servieren warm halten.

Yorkshire Pudding mit Meerrettich

Damit Yorkshire-Pudding gelingt, muss der Ofen und auch das Öl in der Form vorgeheizt sein. Backen Sie ihn erst, wenn alle anderen Arbeiten erledigt sind. Er muss direkt aus dem Ofen serviert werden, sonst fällt er zusammen und die Kruste wird weich.

75 g Mehl

1 Ei

75 ml Milch

1 Teelöffel frisch geriebener Meerrettich

50 g Schmalz oder Fett vom Rinderbraten

Meersalz und frisch gemahlener schwarzer Pfeffer

Muffin-Blech mit 12 Vertiefungen

Für 8 Personen

Das Mehl in eine Schüssel sieben und eine Vertiefung in die Mitte drücken. Ei, Milch, Meerrettich und 50 ml Wasser in einer zweiten Schüssel mit etwas Salz und Pfeffer verrühren. Die Mischung langsam ins Mehl gießen und mit dem Handrührer oder einem Holzlöffel zu einem glatten Teig verrühren.

Während das Fleisch neben dem Ofen ruht, die Temperatur auf 220 °C erhöhen. Das Schmalz in 8 der Muffinförmchen verteilen und das Blech 10 Minuten im Ofen erhitzen. Dann den Teig in die gefetteten Formen füllen und auf der oberen Einschubleiste 8–10 Minuten goldbraun backen.

Geröstete Kartoffeln und Pastinaken

Zum Rösten der Kartoffeln sollte der Ofen heißer als für das Fleisch sein. Wenn Sie zwei Backröhren haben, garen Sie einfach das Fleisch in der einen und das Gemüse in der anderen. Andernfalls müssen Sie mit der Temperatur und Einschubhöhe experimentieren. Wählen Sie eine höhere Temperatur, können Sie das Fleisch tiefer einschieben und die Kartoffeln darüber rösten. Eventuell müssen Sie dann die Garzeit des Fleisches verkürzen oder das Fleisch zwischendurch 20 Minuten aus dem Ofen nehmen und danach fertig garen. Keine Sorge – das klingt viel schwieriger als es ist.

500 g Kartoffeln, in gleichmäßige Stücke geschnitten

500 g Pastinaken, in gleichmäßige Stücke geschnitten

6 Esslöffel Olivenöl

Meersalz und frisch gemahlener schwarzer Pfeffer

Für 8 Personen

Die Kartoffeln in einem Topf mit Salzwasser 12 Minuten vorkochen, abtropfen lassen und wieder in den Topf geben. Bei niedriger Temperatur 2 Minuten auf den Herd stellen, damit alle Flüssigkeit verdampft. Abdecken und den Topf mehrmals kräftig rütteln, um die Oberfläche der Kartoffeln aufzurauen. 4 Esslöffel Olivenöl zugeben und vermischen.

Die Pastinaken in einem Topf mit Salzwasser 8 Minuten vorkochen, abgießen und das Kochwasser auffangen. 2 Esslöffel Öl zufügen und gut vermischen.

Die Kartoffeln in einen großen Bräter legen und im vorgeheizten Ofen bei 220 °C 20 Minuten rösten. Die Pastinaken zugeben und weitere 15 Minuten goldbraun rösten.

Trifle mit Vin Santo

Für ein klassisches Trifle verwendet man Vanillepudding, dies ist eine Variante mit Mascarpone. Den süßen Dessertwein Vin Santo bekommen Sie, ebenso wie die knusprigen Mandel-Biscotti, im italienischen Lebensmittelhandel. Traditionell tunkt man die Biscotti in den Wein, doch im Trifle machen sie sich auch sehr gut.

250 g italienische Biscotti

100 ml Vin Santo

8 reife Feigen, längs geviertelt

425-g-Glas entsteinte Kirschen

500 ml Crème double

500 ml Mascarpone

75 g hellbrauner Zucker

50 g weiße Schokolade

50 g Mandelblättchen

Für 8 Personen

Die Biscotti in eine große Glasschüssel legen, die Feigen und Kirschen darauf verteilen. Die Crème double in einer Schüssel halbsteif schlagen. Mascarpone und Zucker zufügen und steif schlagen.
Die Mascarpone-Creme über Biscotti und Früchten verteilen und mit Mandelblättchen bestreuen. Mit einem Sparschäler Späne von der Schokolade schneiden und auf das Trifle streuen. Bis zum Servieren abgedeckt kalt stellen.

Möhren-Spinat-Gemüse

400 g Möhren

75 g Butter

300 g Spinat, grob gehackt

Meersalz und frisch gemahlener schwarzer Pfeffer

Für 8 Personen

Die Möhren in einem Topf mit Salzwasser 30 Minuten gar kochen. Abgießen und das Kochwasser für die Sauce auffangen. Die Möhren wieder in den Topf geben und bei niedriger Temperatur 2 Minuten unter häufigem Rühren erhitzen, damit die Flüssigkeit verdampft. Vom Herd nehmen, Butter, Salz und Pfeffer zufügen und stampfen. Den Spinat zugeben und 2 Minuten unterrühren, bis er zusammenfällt.

DAS MENÜ
FÜR 6 PERSONEN

Gebackene Tomaten

Spinatrollen mit Ricotta

Rinderschmortopf

oder

Frühlings-Fischpastete

Reiche Ritter mit Pflaumen

GETRÄNKE

Merlot zum Rind, Zinfandel oder Gamay zum Fisch

DER ZEITPLAN

Zwei Tage vorher

- Rindfleisch marinieren und abgedeckt kalt stellen.

Am Vortag

- Rindfleisch zubereiten. Aus dem Ofen nehmen, abkühlen lassen und über Nacht kalt stellen.

Am Festtag

- Spinatrollen vorbereiten (nicht backen), auf das Backblech legen und abgedeckt kalt stellen.
- Fischpastete vorbereiten (nicht backen), mit Frischhaltefolie abdecken und kalt stellen.
- Dessert vorbereiten (nicht backen), abgedeckt kalt stellen.

In der letzten Stunde

- Spinatrollen backen.
- Rindfleisch erwärmen oder Fischpastete backen.
- Dessert backen.
- Nudeln oder Kartoffeln als Beilage zum Rindfleisch kochen.

Gut vorbereitet

Der Rahmen

Es kann vorkommen, dass man Freunde einlädt und im letzten Moment Überstunden machen muss – kennen Sie das? Für diese Fälle habe ich dieses Menü entwickelt. Selbst wenn Sie erst kurz vor den Gästen nach Hause kommen, bringen Sie alle Gänge ohne Stress auf den Tisch.

Der Stil

Hierzu passt am besten eine ruhige, schlichte Tischdekoration. Wenn die Zeit knapp ist, können Sie den Tisch schon morgens oder am Vorabend decken. Ein einladender Tisch und ein entspannter Koch sind gute Voraussetzungen für einen entspannten Abend unter Freunden.

Spinatrollen mit Ricotta

Das Rezept für diese köstlichen Päckchen aus knusprigem Teig, gefüllt mit würzigem Spinat und cremigem Ricotta, stamm ursprünglich aus Marokko. Heute isst man die Röllchen rund ums Mittelmeer in unzähligen Variationen.

350 g junger Blattspinat, gewaschen und abgetropft

150 g Filoteig

50 g Butter, geschmolzen

250 g frischer Ricotta

50 g Pinienkerne, ohne Fett in einer Pfanne geröstet

Meersalz und frisch gemahlener schwarzer Pfeffer

Für 6 Personen

Den Spinat in einen großen Topf geben und bei mittlerer Temperatur unter ständigem Rühren 5 Minuten erhitzen, bis die Blätter zusammengefallen sind. In einem großen Sieb abtropfen und abkühlen lassen.

Ein Geschirrtuch auf eine saubere Arbeitsfläche legen, ein Teigblatt darauf ausbreiten. Mit flüssiger Butter einpinseln, dann 3 weitere Teigblätter auflegen und ebenfalls jedes mit Butter einpinseln. Ricotta, Pinienkerne, abgekühlten Spinat, Salz und Pfeffer in einer Schüssel vermischen. Die Mischung auf dem Teig verteilen, ringsum einen 5 cm breiten Rand frei lassen.

Den Teig mithilfe des Tuchs von der Längsseite her aufrollen. Die Enden leicht zudrehen, damit die Füllung nicht herausfällt. Mit Butter einpinseln, auf ein Backblech legen und im vorgeheizten Backofen bei 180 °C 30 Minuten goldbraun backen. In Scheiben schneiden und zu den gebackenen Tomaten servieren.

Gebackene Tomaten

6 Tomaten, quer halbiert

Für 6 Personen

Die Tomatenhälften mit der Haut nach unten mit reichlich Abstand auf ein Backblech legen. Sie sollen sich nicht berühren. Im vorgeheizten Backofen bei 120 °C 2 Stunden backen. Zu den Spinatrollen servieren.

Rinderschmortopf

Dieses Gericht muss vorgekocht werden, damit sich die Aromen entfalten können und die Sauce ihren würzigen Geschmack erhält. Zum Aufwärmen in eine ofenfeste Form geben und 35 Minuten im vorgeheizten Ofen bei 180 °C erhitzen.

1,75 kg Rinderschmorbraten

750 ml Weißwein

2 Lorbeerblätter

4 Esslöffel Olivenöl

2 Zwiebeln, in Ringe geschnitten

2 Knoblauchzehen, gehackt

3 Esslöffel Mehl, plus etwas zum Bestäuben

1 Esslöffel Kapern, abgetropft

100 g schwarze Oliven ohne Stein

410 g gewürfelte Tomaten (Konserve)

abgeriebene Schale von $^{1}/_{2}$ Orange

200 g kleine Möhren

125 g kleine Champignons

1 großes Bund glatte Petersilie, gehackt

Meersalz und frisch gemahlener schwarzer Pfeffer

Für 6 Personen

Fleisch, Wein, Lorbeerblätter, Salz und Pfeffer in eine große Schüssel geben, abdecken und 24 Stunden kalt stellen. Das Fleisch von Zeit zu Zeit in der Marinade wenden.

Das Fleisch aus der Marinade nehmen und mit Küchenpapier trocken tupfen. Die Marinade aufbewahren. 2 Esslöffel Öl in einem großen Bräter erhitzen. Zwiebeln und Knoblauch 8 Minuten andünsten, das Mehl darüber stäuben und verrühren. Die Marinade in kleinen Portionen unter ständigem Rühren zugeben. kapern, Oliven, Tomaten und Orangenschale zugeben und leicht köcheln lassen. Inzwischen das Fleisch vorbereiten.

Das restliche Olivenöl in einer Pfanne erhitzen. Das Fleisch mit Mehl bestäuben und rundum braun anbraten. In den Bräter zum Gemüse geben. Den Satz aus der Pfanne mit etwas Gemüseflüssigkeit loskochen, wieder zum Gemüse geben.

Den Bräter abdecken und im vorgeheizten Ofen bei 140 °C 2 Stunden garen. Aus dem Ofen nehmen, Möhren und Pilze zufügen und noch eine Stunde garen.

Das Fleisch auf einem Brett aufschneiden und auf vorgewärmten Tellern anrichten. Die gehackte Petersilie in die Sauce geben, die Sauce über das Fleisch füllen. Zu Eiernudeln oder Kartoffeln mit Petersilienbutter servieren.

Dieses Rinderbraten-Rezept finde ich einfach unschlagbar. Das Fleisch ist zart, das Gemüse saftig, die Sauce herrlich aromatisch.

Frühlings-Fischpastete

Dieser leichten Pastete mit frischem Wirsing kann niemand widerstehen.

500 g weißes Fischfilet, z.B. Dorsch, Heilbutt oder Wittling

500 g Forellenfilet

200 g rohe Krabben ohne Schale

100 g Jakobsmuscheln

300 g junger Wirsing, in grobe Stücke geschnitten

1 kg Kartoffeln, in gleichmäßige Würfel geschnitten

50 g Butter

100 ml Milch

Meersalz und frisch gemahlener schwarzer Pfeffer

SAUCE

500 ml Milch

100 g Butter

50 g Mehl

100 g Cheddar, gerieben

Meersalz und frisch gemahlener schwarzer Pfeffer

Für 6 Personen

Fisch und Meeresfrüchte gründlich mit Küchenpapier abtrocknen. Eine große, ofenfeste Form mit dem Kohl auslegen, Fisch und Meeresfrüchte darauf verteilen.

Die Kartoffeln in einem Topf mit kochendem Salzwasser 20 Minuten garen. Sie sollen beim Anstechen mit einem Messer leicht nachgeben. Abgießen, wieder in den Topf geben und stampfen. Butter, Milch, Salz und Pfeffer zufügen und mit einem Holzlöffel unterrühren. Beiseite stellen.

Für die Sauce die Milch in einem kleinen Topf langsam erwärmen. Die Butter in einem zweiten Topf schmelzen, das Mehl zugeben. Vom Herd nehmen, verrühren. Wieder auf den Herd stellen, etwas warme Milch zufügen und glatt rühren. Langsam unter ständigem Rühren die restliche Milch einrühren. Käse, Salz und Pfeffer zugeben und die Sauce über den Fisch gießen.

Die gestampften Kartoffeln auf dem Fisch verteilen, mit einem Löffel Vertiefungen in die Oberfläche drücken oder mit einer Gabel Rillen ziehen. Im vorgeheizten Backofen bei 200 °C 20 Minuten backen, dann die Temperatur auf 160 C reduzieren und weitere 25 Minuten backen.

Von dieser Fischpastete mit der samligen Sauce und der zarten Kartoffelhaube kann ich gar nicht genug bekommen.

Reiche Ritter mit Pflaumen

Arme Ritter mit Vanillesauce schmecken nach Kindheit. Dies ist eine etwas edlere Variante mit Panettone und saftig-roten Pflaumen.

6 Scheiben Panettone oder anderes süßes Brot, mit Butter bestrichen

6 reife Pflaumen, halbiert, entsteint und in Streifen geschnitten

300 ml Milch

100 ml Crème double

50 g hellbrauner Zucker

3 Eier

Emaille-Backform, gebuttert

Für 6 Personen

Die gebutterten Panettone-Scheiben halbieren und mit einigen Pflaumen belegen. Schuppenartig überlappend in die Backform legen.

Milch, Crème double, Zucker und Eier in einer Schüssel verquirlen. Die Mischung über die Panettone-Scheiben gießen. Die restlichen Pflaumen klein schneiden und darauf verteilen. 1 Stunde beiseite stellen, damit die Panettone die Eiermilch aufsaugen kann.

Im vorgeheizten Backofen bei 180 °C 35 Minuten backen und warm servieren.

DAS MENÜ

FÜR 6 PERSONEN

Gebratener Tunfisch mit Limetten-Soja-Dressing

Salbeifilet mit Puy-Linsen und Frühlingszwiebel-Dressing

Kartoffelsalat mit Erbsen und Bohnen

Zitruskuchen mit Minz-Joghurt

GETRÄNKE

Pinot Grigio zum Tunfisch, Gamay zum Schweinefilet

DER ZEITPLAN

Am Vortag

- Zitruskuchen backen und kühl stellen.
- Filet vorbereiten und abgedeckt kalt stellen.

Am Festtag

- Limetten-Soja-Dressing für den Fisch zubereiten und abgedeckt kalt stellen.
- Paprika rösten, Linsen kochen.
- Minz-Joghurt anrühren.
- Dressing für das Schweinefleisch zubereiten und abgedeckt kalt stellen.
- Kartoffeln und Bohnen für den Salat kochen, abtropfen und abkühlen lassen.

In der letzten Stunde

- Filet garen.
- Salat mischen.
- Chicoree und Brunnenkresse für den Fisch vorbereiten.
- Fisch braten.

Sommerabend

Der Rahmen

Lassen Sie einen heißen Sommertag mit einem frischen Menü aus herrlichen Produkten der Saison ausklingen. Ziehen Sie auf den Balkon oder die Terrasse – im Freien schmeckt es doppelt gut.

Der Stil

Der Tisch darf gern etwas romantisch gedeckt sein, sollte aber nicht von der schönen Umgebung ablenken. Einfaches Geschirr in sanften Farben schafft eine freundliche, zwanglose Atmosphäre, um einen lauen Abend zu genießen.

Gebratener Tunfisch mit Limetten-Soja-Dressing

Tunfisch wird immer beliebter und ist beim guten Fischhändler auch frisch zu haben. Er schmeckt köstlich und ist schnell zubereitet.

300 g frische Tunfisch-Steaks

abgeriebene Schale und Saft von 2 Limetten, Limettenschnitze zum Garnieren

1 Chili, fein gehackt

100 ml helle Sojasauce

2 Kaffir-Limettenblätter, in Streifen geschnitten

1 Stiel Zitronengras, in sehr dünne Ringe geschnitten

3 Esslöffel Olivenöl

2 Köpfe Chicoree, Blätter abgelöst

2 Bund Brunnenkresse

Salz und frisch gemahlener schwarzer Pfeffer

Für 8 Personen

Eine Grillpfanne bei hoher Temperatur vorheizen, die Tunfischsteaks von jeder Seite

2–3 Minuten braten. Nicht zu früh wenden, sonst hat sich noch keine Kruste gebildet und sie zerbrechen. Auf ein Schneidebrett legen und ruhen lassen.

Für das Dressing Limettenschale und -saft in einer Schüssel mit Chili, Sojasauce, Kaffir-Limettenblättern, Zitronengras, Öl, Salz und Pfeffer verrühren. Chicoree-Blätter auf Tellern auslegen. Den Tunfisch quer in dünne Scheiben schneiden und auf die Salatblätter legen. Mit Brunnenkresse und Limettenschnitzen garnieren, mit dem Dressing beträufeln und servieren.

Wenn Sie keine Puy-Linsen bekommen, nehmen Sie braune Linsen, die einen angenehm erdigen Geschmack haben (längere Garzeit!).

Salbeifilet mit Puy-Linsen und Frühlingszwiebel-Dressing

Für dieses Gericht bräuchte sich ein nobles Restaurant nicht zu schämen, dabei ist es so einfach. Schweinefilet ist zart und gart schnell. Viele Menschen fürchten, dass es nicht durchgart oder aber zu trocken wird. Solche Befürchtungen brauchen Sie nicht zu haben, wenn Sie es nach diesem Rezept zubereiten.

2 Schweinefilets à 375 g

1 großes Bund Salbei (nur die Blätter)

8 dünne Scheiben Parmaschinken

250 g Puy-Linsen

6 Frühlingszwiebeln, in Ringe geschnitten

3 Esslöffel Olivenöl

1 Esslöffel Rotwein

100 ml saure Sahne

500 g gegrillte, rote Paprika (Konserve), abgetropft und in Streifen geschnitten

1 Bund Schnittlauch, in Röllchen geschnitten

Meersalz und frisch gemahlener schwarzer Pfeffer

Für 8 Personen

Das sichtbare Fett vom Fleisch abschneiden. Die Filets mit einem langen, scharfen Messer längs entlang der Mitte aufschneiden. Salbeiblätter in den Einschnitt schieben und mit einem Kochlöffelstiel gut andrücken. Die Filets mit Salz und Pfeffer bestreuen, dann jedes in 4 Scheiben Schinken wickeln. Einen Bräter mit Öl einpinseln, die eingewickelten Filets hinein legen und im vorgeheizten Backofen bei 180 °C 35 Minuten garen. Aus dem Ofen nehmen, 5 Minuten ruhen lassen, dann in 3 cm dicke Scheiben schneiden.

Inzwischen die Linsen in leicht köchelndem Salzwasser 20 Minuten garen, dann abgießen. Die Frühlingszwiebeln mit Öl, Wein und saurer Sahne in einer Schüssel verrühren. Die Paprikastreifen zu den abgetropften Linsen geben und auf Teller verteilen. Filetscheiben darauf legen, Frühlingszwiebel-Dressing darüber geben, mit Schnittlauchröllchen bestreuen und servieren.

Kartoffelsalat mit Erbsen und Bohnen

Ein wunderbar sommerlicher Salat mit frischem, aromatischem Gemüse. Statt frischer Erbsen können Sie auch tiefgefrorene verwenden.

1,5 kg neue Kartoffeln

300 g Erbsen (gepalt)

300 g grüne Bohnen, geputzt

2 Knoblauchzehen, zerdrückt

2 Esslöffel Dijon-Senf

frisch gepresster Saft von 1 Zitrone

Meersalz und frisch gemahlener schwarzer Pfeffer

1 Bund glatte Petersilie, gehackt

Für 8 Personen

Die Kartoffeln in kochendem Salzwasser 20 Minuten garen, abgießen und beiseite stellen. Erbsen und Bohnen gemeinsam in kochendem Salzwasser 4 Minuten blanchieren, abgießen und in reichlich kaltem Wasser abschrecken. Abtropfen lassen.

Den Knoblauch mit Öl, Senf, Zitronensaft, Salz und Pfeffer in einer kleinen Schüssel verrühren. Die Kartoffeln pellen, halbieren und in eine große Schüssel geben. Erbsen und Bohnen unterheben. Kurz vor dem Servieren das Dressing darüber gießen, vermischen und den Salat mit gehackter Petersilie bestreuen.

- 4 Eier
- 100 g hellbrauner Zucker
- 100 g Kokosraspeln
- 50 g weiche Butter
- 100 g gemahlene Mandeln
- abgeriebene Schale und Saft von 2 unbehandelten Zitronen
- abgeriebene Schale und Saft von 2 unbehandelten Orangen
- 100 ml Milch
- 50 g Mehl
- 1/2 Teelöffel Backpulver

MINZ-JOGHURT

- 200 ml griechischer Joghurt
- 1 Bund Minze, fein gehackt

ofenfeste Form, 18 cm Durchmesser, gebuttert

Für 8 Personen

Zitruskuchen mit Minz-Joghurt

Ein verführerisch zarter Teig mit Kokos, Mandeln und dem frischen Aroma der Zitrusfrüchte.

Für den Teig Eier, Zucker, Kokosraspeln, Butter, Mandeln, Zitronen- und Orangenschale und -saft, Milch, Mehl und Backpulver in die Küchenmaschine geben und 1 Minuten gründlich verrühren. Den Teig in die gefettete Form geben und im vorgeheizten Backofen bei 180 °C 45 Minuten goldbraun backen. Aus dem Ofen nehmen und abkühlen lassen.

Den Joghurt in einer kleinen Schüssel mit der Minze verrühren und zum Kuchen servieren.

DAS MENÜ

FÜR 4 PERSONEN

Gefüllte Paprika

Ofenhuhn

Bandnudeln mit Petersilie

Zitronen-Polenta mit Sahne

GETRÄNKE

Helles Bier,
Pinot Blanc,
Sauvignon Blanc

Köstlich kostengünstig

Der Rahmen

Wer Freunde bekocht, muss nicht unbedingt viel Geld ausgeben. Dies ist ein außerordentlich preiswertes Menü, das sich für einen vergnügten, zwanglosen Feierabend anbietet. Die Rezepte eignen sich gut für zwei Paare. Sie kosten nicht die Welt, schmecken aber herrlich und sehen verlockend aus.

Der Stil

Unkomplizierte Einfachheit ist das Motto des Menüs, das sich in der Tischdekoration fortsetzen darf. Schieben Sie den Couchtisch vor den Kamin, verteilen Sie reichlich Kissen und stellen Sie Stapel von Tellern und Servietten bereit, sodass jeder sich selbst versorgen kann. Servieren Sie Wein oder Bier und genießen Sie die Wärme des Kamins.

Gefüllte Paprika

Für dieses Rezept eignen sich die länglich-spitzen Paprikaschoten am besten. Wenn Sie ersatzweise runde Paprika verwenden, brauchen Sie etwas mehr Füllung, weil die runden Paprikaschoten meist größer sind.

4 Spitzpaprika, längs halbiert, Stiel und Kerne entfernt

200 g Pilze, grob gehackt

150 g Mozzarella, abgetropft und grob gewürfelt

2 Knoblauchzehen, zerdrückt

3 Esslöffel Olivenöl

75 g Oliven mit Anchovis-Füllung, gehackt

$^{1}/_{2}$ Esslöffel Paprikapulver

Meersalz und frisch gemahlener schwarzer Pfeffer

Backblech, leicht geölt

Für 4 Personen

Die Paprikaschoten mit der Haut nach unten auf das geölte Backblech legen.

Pilze, Mozzarella, Knoblauch, Öl, Oliven und Paprika in eine Schüssel geben. Mit Salz und Pfeffer abschmecken und vermischen.
Die Masse in die Paprikaschoten füllen und auf der oberen Einschubleiste im vorgeheizten Backofen bei 180 °C 30 Minuten überbacken. Heiß oder lauwarm servieren.

Leffe
Leffe
Leffe
Leffe

Ofenhuhn

Wer das Geflügel nicht selbst zerlegen mag, kann auch Hähnchenteile oder Hähnchenkeulen einkaufen.

Die Fleischstücke in einer Schüssel mit Schalotten, Lorbeerblättern, Speck, Öl, Salz und Pfeffer vermischen. In einen Bräter geben und im vorgeheizten Backofen bei 180 °C 30 Minuten garen.

Den Senf in einer kleinen Schüssel mit Estragon und Wein verrühren. Das Fleisch aus dem Ofen nehmen und das Fett abgießen. Die Senfmischung über das Fleisch gießen und weitere 10 Minuten backen. Zu den Bandnudeln servieren.

1 Poularde, ca. 2 kg, in 8 Portionen zerteilt

8 Schalotten

5 Lorbeerblätter

250 g durchwachsener Speck, gewürfelt

2 Esslöffel Olivenöl

1 $^{1}/_{2}$ Esslöffel körniger Senf

1 Bund Estragon, grob gehackt

100 ml Weißwein

Meersalz und frisch gemahlener schwarzer Pfeffer

Für 4 Personen

Bandnudeln mit Petersilie

Ich liebe Pappardelle. Ganz gleich, welche Sauce man dazu serviert: An den breiten Nudeln bleibt sie besonders gut haften.

Die Nudeln in einem großen Topf mit kochendem Salzwasser nach Packungsanweisung bissfest garen.

Die Nudeln abgießen, den Topf vom Herd nehmen und die Nudeln wieder hineingeben. Petersilie, Knoblauch, Öl, Zitronensaft, Salz und Pfeffer zufügen, vermischen und servieren.

400 g Pappardelle

1 Bund glatte Petersilie, gehackt

1 Knoblauchzehe, fein gehackt

4 Esslöffel Olivenöl

frisch gepresster Saft von $^{1}/_{2}$ Zitrone

Meersalz und frisch gemahlener schwarzer Pfeffer

Für 4 Personen

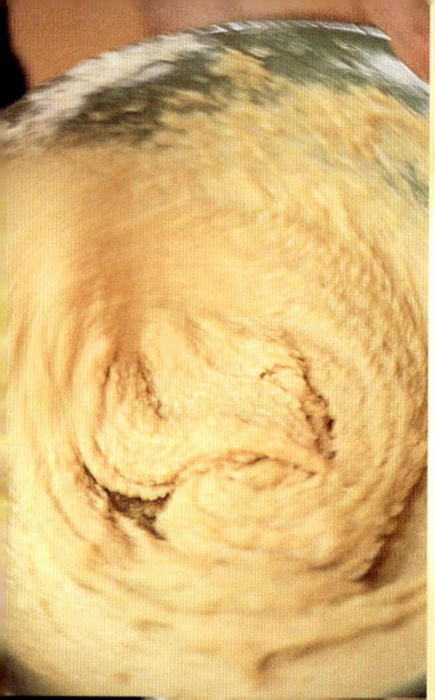

DER ZEITPLAN

Am Vortag

- Zitronen-Polenta backen, abkühlen lassen und abgedeckt bei Zimmertemperatur stehen lassen. Soll sie heiß serviert werden, die Form in einen Bräter mit Wasser stellen (um das Austrocknen zu verhindern) und 10 Minuten im vorgeheizten Backofen bei 150 °C erhitzen. Alternativ auf mittlerer Stufe 6–7 Minuten in der Mikrowelle erhitzen.
- Poularde zerteilen, die Stücke mit der Marinade in eine Schüssel geben und abgedeckt kalt stellen.

In der letzten Stunde

- Fleisch in den Bräter legen und im Ofen garen.
- Estragon-Senf-Mischung für das Fleisch anrühren.
- Paprika vorbereiten und garen.
- Nudeln kochen, Petersilie und Knoblauch hacken.

Zitronen-Polenta mit Sahne

Nehmen Sie die Butter 30 Minuten vor der Zubereitung aus dem Kühlschrank. Sie lässt sich leichter verrühren, wenn sie weich ist.

250 g Butter, gewürfelt
250 g hellbrauner Zucker
4 Eier
3 unbehandelte Zitronen
125 g Polenta oder Grieß
125 g Mehl
1 gehäufter Teelöffel Backpulver
300 ml Schlagsahne

ofenfeste Form, 20 cm Durchmesser, leicht gebuttert

Für 4 Personen

Butter und Zucker in einer Rührschüssel cremig rühren. Die Eier einzeln zufügen und verrühren. Es macht nichts, wenn die Masse sich dabei trennt: Sie wird wieder glatt, sobald das Mehl hinzukommt.

Von 2 1/2 Zitronen die Schale abreiben und auspressen. Die restliche Zitronenhälfte in Scheiben schneiden und beiseite stellen. Zitronenschale und Saft unter den Teig rühren. Grieß, Mehl und Backpulver unterrühren. Den Teig in die gefettete Form füllen und mit den Zitronenscheiben belegen.

Im vorgeheizten Backofen bei 180 °C 25 Minuten backen. Die Temperatur auf 160 °C reduzieren und weitere 10 Minuten backen, bis sich der Teig am Rand von der Form löst und an einem eingestochenen Stäbchen kein Teig mehr haftet. Heiß oder zimmerwarm mit flüssiger Schlagsahne servieren.

Nudelsuppe mit Krabben

Wer es – wie ich – feurig scharf mag, entkernt die Chilischoten nicht.

1 Esslöffel Pflanzenöl

1 Zwiebel, in Ringe geschnitten

10 cm frischer Ingwer oder Galgant, geschält und in Scheiben geschnitten

2 Knoblauchzehen, in Scheiben geschnitten

2 rote Chilischoten, nach Belieben entkernt

600 g rohe, große Scampi ohne Schale

2 Liter Gemüsebrühe

600 g frische Udon-Nudeln

1 Bund Thai-Basilikum, grob gehackt

1 Bund Koriander, grob gehackt

Für 8 Personen

Das Öl in einem Topf erhitzen. Zwiebel, Ingwer oder Galgant, Knoblauch und Chili unter häufigem Rühren 5 Minute bei niedriger Temperatur anbraten. Die Krabben zufügen, 2 Minuten mitbraten. Die Brühe zugießen und aufkochen. Die Nudeln zugeben und 2 Minuten köcheln lassen. Thai-Basilikum und Koriander einrühren und servieren.

Fisch für Fans

Der Rahmen

Fisch schmeckt am besten einfach zubereitet. Diese Gerichte kann man je nach Anlass aufpeppen oder reduzieren.

Der Stil

Um den Reichtum der Meere zu feiern, stellen Sie große Schüsseln auf den Tisch, aus denen sich jeder selbst bedienen kann.

DER ZEITPLAN

Am Vortag

- Chowder ohne Sahne und Kräuter zubereiten, abgedeckt kalt stellen.
- Räuchergefäß vorbereiten, Forelle filetieren und in Schinken wickeln.
- Forellen rollen, zusammenbinden und räuchern. Abkühlen lassen und abgedeckt kalt stellen.
- Limettencreme und die Zitronensauce zubereiten.

Am Festtag

- Brühe für die Suppe vorbereiten.
- Fischeintopf vorbereiten, Kräuter noch nicht zufügen.

In der letzten Stunde

- Gurkensalat zubereiten. Forelle in Scheiben schneiden und in der Grillpfanne garen.
- Alle Gerichte servierfertig machen.

DAS MENÜ

FÜR 8 PERSONEN

Nudelsuppe mit Krabben

Chowder mit geräuchertem Heilbutt

Forelle aus dem Teerauch mit Gurkensalat

Schneller Fischeintopf

Limetten-Creme mit Zitronensauce

GETRÄNKE

Gewürztraminer, Pinot Grigio, Semillon

Chowder mit geräuchertem Heilbutt

Ein klassisches Rezept aus England, das an kalten Tagen richtig durchwärmt. In manchen Gegenden reicht man dazu zerbröckeltes Knäckebrot, ich mag es aber lieber mit dick geschnittenem Mehrkornbrot.

- 50 g Butter
- 2 Porreestangen, in dünne Ringe geschnitten
- 100 g Bacon, gewürfelt
- 600 ml Fischbouillon
- 125 g Maiskörner (Konserve), abgespult und abgetropft
- 100 g Kartoffeln, in kleine Würfel geschnitten
- 300 g geräuchertes Heilbuttfilet ohne Haut
- 1 Esslöffel glatte Petersilie, gehackt
- 1 Esslöffel Schnittlauchröllchen
- 100 ml Crème double
- Meersalz und frisch gemahlener schwarzer Pfeffer

Die Butter in einem großen Topf erhitzen. Porree und Bacon 5 Minuten andünsten, aber nicht bräunen. Die Fischbouillon zugeben und bis zum Siedepunkt erhitzen. Mais, Kartoffeln und Fisch zufügen und 10 Minuten köcheln lassen. Mit Salz und Pfeffer abschmecken. Kurz vor dem Servieren Petersilie, Schnittlauch und Crème double einrühren. Zu dicken Scheiben von frischem, warmem Brot servieren.

Für 8 Personen

Forelle aus dem Teerauch mit Gurkensalat

Dies ist ein Rezept für einen besonderen Anlass, denn es kostet etwas Zeit. Die Forellenfilets werden aufgerollt, verschnürt und dann in Scheiben geschnitten. Eine ungewöhnliche Gaumenfreude.

75 g Räucherspäne

1 Esslöffel Jasmintee-Blätter

1 ganze Forelle, ca. 2 kg, filetiert und gehäutet

12 Scheiben Schinken

2 Esslöffel Sesamöl

GURKENSALAT

2 Salatgurken, geschält und längs halbiert

abgeriebene Schale und Saft von 2 Limetten

Meersalz und frisch gemahlener schwarzer Pfeffer

alter Bräter, mit Alufolie ausgelegt

Drahtgitter

Für 8 Personen

Holzspäne und Teeblätter in dem mit Folie ausgelegten alten Bräter vermischen. Ein passendes Drahtgitter darauf legen.

Die beiden Filets auf einem Schneidebrett Kopf gegen Schwanz aufeinander legen und mit den Händen zu einer länglichen Rolle formen. Den Fisch komplett mit leicht überlappenden Schinkenscheiben einwickeln. Mit Küchengarn in Abständen von 5 cm verschnüren, dann in 8 cm dicke Scheiben schneiden.
Die Oberseiten mit Sesamöl einreiben und auf das Gitter über dem Bräter setzen.

Den Bräter komplett so mit Alufolie abdecken, dass nirgends Rauch entweichen kann. Den Bräter bei hoher Temperatur 10 Minuten auf den Herd stellen. Gelegentlich verschieben, damit der Fisch gleichmäßig geräuchert wird. Vom Herd nehmen und abgedeckt 20 Minuten ruhen lassen.

Die Kerne aus den halbierten Gurken schaben. Das Gurkenfleisch in dünne Scheiben schneiden und in eine Schüssel geben. Limettensaft und -schale, Salz und Pfeffer zugeben.

Eine Grillpfanne erhitzen, die geräucherten Forellenröllchen hineingeben und von jeder Seite 3 Minuten braten. Sie sollen braun und leicht knusprig sein. Aus der Pfanne nehmen, das Garn entfernen und auf dem Gurkensalat anrichten.

Schneller Fischeintopf

Ich mag Fischeintöpfe sehr gern und koche dieses einfache Rezept oft, wenn Gäste kommen. Denken Sie daran, leere Teller für die Schalen und Schüsselchen mit warmem Wasser zum Säubern der Hände bereit zu stellen.

6 Esslöffel Olivenöl

3 Knoblauchzehen, zerdrückt

2 Zwiebeln, gehackt

2 Porreestangen, geputzt und in Ringe geschnitten

3 Selleriestangen, in Scheiben geschnitten

1 Fenchelknolle, geputzt und in Scheiben geschnitten

1 Esslöffel Mehl

1 Lorbeerblatt

1 Zweig Thymian

1 große Prise Safran

3 Dosen gewürfelte Tomaten à 410 g

2 Liter Fischbouillon

1 kg Seeteufel (Schwanzstück), in 8 Stücke geschnitten

500 g Miesmuscheln mit Schale, gebürstet

8 Jakobsmuscheln

8 rohe Scampi mit Schale

1 Bund glatte Petersilie, gehackt

Meersalz und frisch gemahlener schwarzer Pfeffer

Für 8 Personen

Das Öl in einer großen Pfanne erhitzen. Knoblauch, Zwiebel, Porree, Sellerie und Fenchel zugeben und bei niedriger Temperatur 10 Minuten weich dünsten. Das Mehl darüber streuen und gut verrühren. Lorbeerblatt, Thymian, Safran, Tomaten, Fischbouillon, Salz und Pfeffer zufügen. Aufkochen, dann 25 Minuten köcheln lassen. Seeteufel, Miesmuscheln, Jakobsmuscheln und Scampi zufügen und im abgedeckten Topf bei niedriger Temperatur 6 Minuten köcheln lassen. Vom Herd nehmen und abgedeckt 4 Minuten ziehen lassen. Mit Petersilie bestreuen und zu reichlich knusprigem Brot servieren.

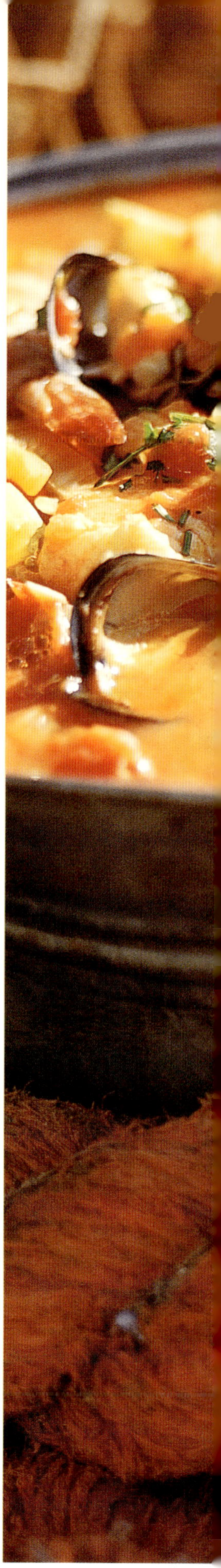

Limetten-Creme mit Zitronensauce

Bereiten Sie das Dessert am Vortag zu, sonst riskieren Sie, dass die Gelatine nicht rechtzeitig zum Essen fest wird.

1 Beutel weiße Gelatine (Pulver)

3 Eier, getrennt

75 g hellbrauner Zucker

abgeriebene Schale und Saft von 2 Limetten

150 ml Crème double

ZITRONENSAUCE

4 Esslöffel hellbrauner Zucker

abgeriebene Schale und Saft von 2 unbehandelten Zitronen

Für 8 Personen

3 Esslöffel heißes Wasser in eine Schüssel geben. Die Gelatine darauf streuen. Die Gelatine in der Schüssel im warmen Backofen oder im Wasserbad 10 Minuten quellen lassen. Wenn die Gelatine aufgelöst ist, bei Zimmertemperatur etwas abkühlen lassen.

Die Eigelb mit dem Zucker in einer großen Schüssel mit dem elektrischen Handrührer schaumig aufschlagen. Limettensaft und -schale unterschlagen. Die Gelatine unterschlagen und die Creme 5 Minuten beiseite stellen. Die Sahne halbsteif schlagen und unter die Limettenmasse heben. Die Schneebesen gründlich abwaschen. Die Eiweiß zu steifem Schnee schlagen, zur Limettencreme geben und kurz unterrühren. 2 Stunden, besser über Nacht, kalt stellen.

Für die Sauce Zucker, Zitronensaft und die Hälfte der Schale in einem kleinen Topf verrühren, aufkochen und 1 Minuten köcheln lassen. Vom Herd nehmen und vollständig abkühlen lassen. Ist die Sauce zu dickflüssig, etwas Wasser einrühren. Die restliche Zitronenschale auf die Creme streuen, die Sauce dazu servieren.

Parties & Feste

Kinderfest

Der Rahmen

Eine Geburtstagsfeier ist für Kinder aufregend und für Eltern oft strapaziös. Viele machen den Fehler, sich stundenlang in der Küche abzumühen, nur um nachher viel wegzuwerfen, denn die Kinder sind viel zu aufgeregt, um sich zum Essen zu setzen. Sie wollen Süßes – und bei einer Party dürfen sie es ruhig einmal haben.

Der Stil

Kleine Tische und Stühle mit hoch beladenen Tellern. Pappteller und Plastikbecher sind praktisch, doch „richtiges" Geschirr mit witzigen Motiven kommt auch bei Kindern gut an. Luftballons dürfen natürlich nicht fehlen.

Wagenrad-Tortilla-Wraps

Schon wegen der großen Aufregung hat es kaum Sinn, bei einem Kindergeburtstag etwas Gesundes zu servieren. Geben Sie trotzdem nicht auf. Diese Wraps werden am Vortag zubereitet und kurz vor der Party in Scheiben geschnitten. Ideal für gestresste Mütter.

3 Weizen-Tortillas

Butter zum Bestreichen

3 Esslöffel Frischkäse

1 große Mohrrübe, geraspelt

Für 12 Personen

Jede Tortilla auf einem Stück Frischhaltefolie ausbreiten, mit Butter und Frischkäse bestreichen, mit geraspelten Mohrrüben bestreuen. Die Folie anheben, um die Tortillas fest aufzurollen. Die Folie an den Enden fest zusammendrehen und die Wraps mindestens 2 Stunden kalt stellen. Folie entfernen, in Scheiben schneiden und servieren.

Sandwichsterne und Sandwichherzen

Für Abwechslung sorgen verschiedene Brotsorten: hell und dunkel, fein und grob. Natürlich können Sie auch andere Formen ausstechen.

24 Scheiben Brot verschiedener Sorten, gebuttert

BELÄGE:

Frischkäse mit Kräutern, Mayonnaise mit feinen Schinkenwürfeln, Pesto, Hummus, Avocadoscheiben

Ausstechförmchen in Herz- und Sternform

Für 12 Personen

Die Hälfte der bestrichenen Brotscheiben auf der Arbeitsfläche auslegen und die Beläge darauf verteilen. Mit den restlichen Brotscheiben belegen und mit den Förmchen Herzen und Sterne ausstechen.

DAS MENÜ

FÜR 12 KINDER

- Wagenrad-Tortilla-Wraps
- Sandwichsterne und Sandwichherzen
- Knusperzahlen
- Marmeladentörtchen
- Erdbeeren mit Schokomütze
- Baisers für Jungs und Mädchen
- Fruchtsterne und Fruchtherzen
- Verzaubertes Tortengebirge

Knusperzahlen

Statt Parmesan können Sie auch anderen Hartkäse wie Cheddar, Emmentaler oder Gruyère verwenden.

500 g Blätterteig

1 Ei, verquirlt

125 g frisch geriebener Parmesan

Zahlen-Ausstechförmchen

Backblech, leicht gefettet

Für 12 Personen

Den Teig auf einer leicht bemehlten Arbeitsfläche sehr dünn ausrollen. Mit dem verquirlten Ei einpinseln und mit dem geriebenen Käse bestreuen. Zahlen ausstechen, auf das Backblech legen und im vorgeheizten Backofen bei 180 °C 20 Minuten backen, bis der Teig aufgegangen und goldbraun ist.

Marmeladentörtchen

Wer genug Zeit hat, backt die Törtchen selbst. Dabei können die Kinder auch helfen – außerdem sind sie eine Weile sehr gut beschäftigt. Ist die Zeit knapp, kaufen Sie Mürbeteig fertig. Weil die Marmelade sehr heiß wird, dürfen die Törtchen nicht ganz frisch aus dem Ofen serviert werden.

200 g Mehl

100 g Butter, gewürfelt

2 Eier, verquirlt

200 g Marmelade

Zucker zum Bestreuen

Muffin-Blech mit 12 Vertiefungen, gefettet

Ausstechform, 8 cm Durchmesser

Für 12 Personen

Mehl und Butter in einer Schüssel mit den Händen zu einer krümeligen Masse vermischen. Die Eier einzeln zugeben und mit einem runden Messer unter die Masse arbeiten, bis sie sich zu einer Kugel formen lässt. Den Teig mit den Händen kurz durchkneten, in Frischhaltefolie wickeln und 20 Minuten kalt stellen.

Den Teig auf einer kühlen, leicht bemehlten Fläche zu einem großen Rechteck ausrollen. 12 Kreise ausstechen und in die Vertiefungen des Muffin-Blechs legen. Je einen Teelöffel Marmelade darauf geben und mit etwas Zucker bestreuen. Nicht zu viel Marmelade einfüllen, sonst kocht sie im Ofen hoch und die Törtchen kleben an.

Im vorgeheizten Ofen bei 180 °C 20 Minuten backen, dann die Temperatur auf 150 °C reduzieren und weitere 10 Minuten backen, bis der Teig goldbraun ist. Die restliche Marmelade in einem kleinen Topf erhitzen. Die Törtchen aus der Form nehmen, in jedes einen Klecks Marmelade setzen und abkühlen lassen.

Erdbeeren mit Schokomütze

Alle Kinder lieben Schokolade – und lassen sich damit auch verführen, Obst zu essen. Zum Eintauchen eignen sich viele Früchte, aber die roten Erdbeeren sehen besonders hübsch aus.

100 g dunkle Schokolade

100 g weiße Schokolade

12 große Erdbeeren

Backpapier

12 Holzspiele

Für 12 Personen

Die Schokoladensorten getrennt in 2 Schüsseln geben. Jede über einen Topf mit leicht kochendem Wasser stellen, bis die Schokolade geschmolzen ist. Die Erdbeeren mit der Spitze in die Schokolade tunken und auf Backpapier legen. Wenn die Schokolade fest geworden sind, die Erdbeeren wie Lollies auf Holzspieße stecken.

Baisers für Jungs und Mädchen

Manchmal nenne ich diese kleinen Baisers auch „Feenwölkchen", weil die zarten Pastelltöne so märchenhaft aussehen.

2 Eiweiß

125 g Zucker

rote Lebensmittelfarbe

blaue Lebensmittelfarbe

1 großes Backblech, mit Backpapier ausgelegt

Für 12 Personen

Die Eiweiß in einer großen fettfreien Schüssel steif schlagen. Die Hälfte des Zuckers einrieseln lassen und weiter schlagen, bis die Masse fest ist und glänzt. Die Hälfte der Masse in eine zweite Schüssel umfüllen.

Einen Tropfen rote Lebensmittelfarbe und die Hälfte des restlichen Zuckers zu einer Portion geben, gut verrühren. Ist die Masse zu blass, noch etwas Lebensmittelfarbe zugeben. Die zweite Portion mit dem restlichen Zucker und einem Tropfen blauer Lebensmittelfarbe verrühren.

Mit einem Teelöffel kleine Häufchen auf das vorbereitete Backblech setzen und im vorgeheizten Ofen bei 140 °C 2 Stunden mehr trocknen als backen.

DER ZEITPLAN

Eine Woche vorher

- Baisers backen und in einem fest verschlossenen Plastikbeutel aufbewahren. Die Luft mit einem Strohhalm aus dem Beutel saugen.
- Tortenboden backen und abkühlen lassen.

Am Vortag

- Torte zusammensetzen, glasieren, verzieren – und verstecken!
- Knusperzahlen backen und in einer luftdichten Dose aufbewahren.
- Tortillas rollen und in Frischhaltefolie gewickelt kalt stellen.
- Marmeladentörtchen backen und in einer luftdichten Dose aufbewahren.

Am Festtag

- Sandwiches (außer Avocado) ausstechen, einwickeln und kalt stellen.
- Erdbeeren in Schokolade tauchen und auf Spieße stecken.

In der letzten Stunde

- Fruchtformen ausstechen.
- Tortillas aufschneiden.
- Avocado-Sandwiches zubereiten (falls gewünscht)
- Alle Speisen auspacken und auf den Tisch stellen.

Fruchtsterne und Fruchtherzen

Frische Früchte der Saison, z.B. Melone, Ananas, Kiwi, Mango oder Banane

Orangen- oder Zitronensaft zum Bestreichen

kleine Ausstechformen

Für 12 Personen

Die Früchte in 1 cm dicke Scheiben schneiden und Formen ausstechen. Äpfel, Birnen und Bananen sofort mit Orangen- oder Zitronensaft bestreichen, damit sie sich nicht braun färben.

Verzaubertes Tortengebirge

Diese sagenhafte Torte ist ganz einfach zu backen. Vier Tortenböden verschiedener Größe sind mit Buttercreme zusammengesetzt, dann glasiert und mit kunterbunten Süßigkeiten dekoriert. Stecken Sie anstelle von Kerzen einmal Wunderkerzen darauf, oder servieren Sie einen Matschberg mit brauner Schokoladenglasur und dunkelgrünen Süßigkeiten.

750 g Butter

750 g hellbrauner Zucker

12 Eier

750 g Mehl

1 $^{1}/_{2}$ Beutel Backpulver

3 beschichtete Kuchenformen, ca. 15, 20 und 25 cm Durchmesser

1 Papier-Muffinförmchen

1 Mini-Backform

Für 12 Personen

Die Tortenböden werden in zwei Arbeitsgängen gebacken. 300 g Butter und 300 g Zucker in einer großen Schüssel schaumig schlagen. 5 Eier zufügen und gut verrühren, dann 300 g Mehl unterheben. Wenn der Teig sehr fest ist, etwas Milch einrühren.

Den Teig in die größte Form füllen und im vorgeheizten Backofen bei 180 °C 30–40 Minuten backen, bis der Teig goldbraun ist und sich gerade vom Formrand löst. In der Mitte soll er sich elastisch anfühlen.

Aus dem Ofen nehmen, 5 Minuten abkühlen lassen, dann zum Auskühlen auf ein Gitterrost legen.

Die restlichen Zutaten ebenso verarbeiten, in die beiden kleineren Kuchenformen und das Muffinförmchen füllen. Das Muffinförmchen in die Minibackform stellen, damit es in Form bleibt.

Alle drei Formen in den Ofen stellen und 25 Minuten backen. Vor dem Zusammensetzen gut auskühlen lassen.

Buttercreme

250 g weiche Butter, gewürfelt

500 g Puderzucker

Butter und Puderzucker mit 2 Esslöffeln heißem Wasser in einer Schüssel cremig rühren.

Den größten Tortenboden auf ein Gitterrost legen und mit Creme bestreichen. Den mittleren Boden darauf setzen, wieder bestreichen, den kleinsten Tortenboden aufsetzen. Nur in die Mitte etwas Buttercreme geben. Den Muffin aus der Papierform nehmen und in die Mitte setzen.

Glasur

Entscheiden Sie selbst, ob Sie kunterbunte Süßigkeiten zur Verzierung verwenden wollen oder die Torte nur in einer Farbe garnieren möchten. Kaufen Sie verschiedene, kleine Süßigkeiten wie Gummibärchen, Schokodragees, Silber- oder Golddragees sowie lange Lakritz- oder Fruchtschnüre.

500 g Puderzucker

reichlich kleine Süßigkeiten

Lebensmittelfarbe oder Kakaopulver

Schokolade

Den Puderzucker in eine Schüssel geben. Für eine Schokoladenglasur 3 Esslöffel Kakao mit heißem Wasser anrühren, zum Puderzucker geben und glatt rühren. Für farbige Glasur Lebensmittelfarbe und tropfenweise Wasser zum Puderzucker geben und verrühren. Der Guss soll dickflüssig genug sein, um die Torte gleichmäßig zu glasieren, aber flüssig genug, dass er sich gut verstreichen lässt. Den Guss auf den Kuchen geben, an den Seiten herunterlaufen lassen und verteilen.

Die Süßigkeiten sofort in den feuchten Guss setzen, alternativ die Oberfläche mit Schokoladenspänen verzieren. Eine so prächtige Torte muss bis zum Fest gut versteckt werden.

TRUE LIPS
HUG ME
HEART THROB
MY WOMAN
BAD BOY

Der Rahmen

Gute Freundinnen haben sich viel zu erzählen. Laden Sie zum Mittagessen ein – so haben Sie den ganzen Nachmittag Zeit zum ungestörten Plaudern. Darauf stoßen wir an!

Der Stil

Hier ist eine feminine Tischdekoration gefragt. Zart geblümte Tischwäsche, üppiger Blumenschmuck, zarte Gläser und feines Geschirr sind das richtige Bühnenbild für das feine Menü. Verstecken Sie die Uhren, damit niemand bemerkt, wie die Zeit vergeht.

Frauen unter sich

DER ZEITPLAN

Am Vortag

- Artischocken-Hummus zubereiten und abgedeckt kalt stellen.
- Nüsse und Gewürze mischen, abdecken und bei Zimmertemperatur aufbewahren.
- Teig für den Zwiebelkuchen zubereiten.
- Schokolade für die Kuchen einfrieren.

Am Festtag

- Teig für die Zwiebeltorte backen, die Zwiebeln garen.
- Lachs vorbereiten, in Schinken wickeln.
- Zucchini schneiden, die Zitronen abreiben und auspressen.
- Zwiebelkuchen belegen und backen.
- Nüsse und Ciabatta rösten.

In der letzten Stunde

- Die Kuchen backen.
- Den Lachs zubereiten.
- Die Nudeln und Zucchinistreifen kochen.

DAS MENÜ

FÜR 4 PERSONEN

Würzige Nüsse

Artischocken-Hummus mit Ciabatta

Zwiebelkuchen

Tomaten-Salsa

Lachs im Schinkenmantel

Bandnudeln mit Zucchinistreifen

Mini-Marmorkuchen

GETRÄNKE

Champagner, Chardonnay, Rosé

Artischocken-Hummus mit Ciabatta

Die würzige Creme kann am Vortag zubereitet werden. Nehmen Sie sie aber frühzeitig aus dem Kühlschrank, damit sich ihr Aroma entwickeln kann. Reichen Sie dazu Ciabatta, Grissini, Käsegebäck, Fladenbrot oder anderes frisches Brot.

280 g Artischockenherzen in Olivenöl, abgetropft

80 g Borlotti-Bohnen (Konserve), abgetropft

Meersalz und frisch gemahlener schwarzer Pfeffer

geröstete Ciabatta als Beilage

Für 4 Personen

Artischocken und Bohnen im Mixer glatt pürieren. Mit Salz und Pfeffer abschmecken, in eine Schüssel füllen und zu Ciabatta, Grissini oder frischem Brot servieren.

Würzige Nüsse

Die Nüsse müssen vor dem Servieren eine Weile abkühlen. Wegen des hohen Fettgehalts halten sie die Hitze länger als man denkt.

1 Teelöffel Kreuzkümmelsamen

1 Teelöffel Fenchelsamen

1 Teelöffel mildes Paprikapulver

1 Teelöffel grobes Salz

2 Esslöffel Olivenöl

100 g Cashewkerne

100 g Paranüsse

100 g Mandeln

100 g Erdnüsse

100 g Pistazienkerne

2 Backbleche

Für 4 Personen

Kreuzkümmel- und Fenchelsamen im Mörser grob zerstoßen. In einer Schüssel mit Paprika, Salz und Öl verrühren. Die Nüsse zugeben und mischen, bis sie ganz vom Würzöl umhüllt sind. Gleichmäßig auf zwei Backblech verteilen und im vorgeheizten Ofen bei 180 °C 10 Minuten backen. Aus dem Ofen nehmen und wenden, damit sie gleichmäßig bräunen. Weitere 10 Minuten backen, dann aus dem Ofen nehmen und zum Abkühlen beiseite stellen.

Zwiebelkuchen

Jeder gute Koch sollte herzhafte Kuchen im Repertoire haben. Dies ist eines der beliebtesten und köstlichsten Rezepte. Wenn der Kuchen im Ofen gart, füllt sie das Haus mit herrlichem Duft. Ihre Freundinnen werden beeindruckt sein.

Mehl und Butter in einer Schüssel zu einer krümeligen Masse verreiben. Die Eier zufügen und mit einem runden Messer mit schneidenden Bewegungen unterarbeiten, bis der Teig zusammenhält. Den Teig mit bemehlten Händen in der Schüssel kurz durchkneten, abdecken und 20 Minuten kalt stellen.

Den Teig auf einer leicht bemehlten Arbeitsfläche etwas größer als die Form ausrollen, über das Rollholz legen und vorsichtig in der Form ausbreiten. Gut andrücken, um Lufteinschlüsse unter dem Boden zu vermeiden. Den Rand mit einem scharfen Messer gerade schneiden. 20 Minuten kalt stellen.

Für den Belag Butter und Öl in einem Topf schmelzen, die Zwiebeln zugeben und bei niedriger Temperatur 30 Minuten glasig dünsten, aber nicht bräunen.

Den Teig mit Backpapier auslegen, Erbsen oder Bohnen darauf verteilen und im vorgeheizten Ofen bei 200 °C 20 Minuten blind backen. Erbsen oder Bohnen und Papier entfernen, die Temperatur auf 160 °C reduzieren und weitere 15 Minuten goldbraun backen.

Eier und Sahne in einer großen Schüssel verrühren. die Zwiebeln zufügen, salzen und pfeffern. Auf den Teig geben und 25 Minuten goldbraun backen. Warm oder kalt mit Tomaten-Salsa servieren.

TEIG

250 g Mehl

175 g kalte Butter, gewürfelt

2 Eier, verquirlt

BELAG

75 g Butter

2 Esslöffel Olivenöl

500 g Zwiebeln, in feine Ringe geschnitten

2 Eier

125 ml Schlagsahne

Meersalz und frisch gemahlener schwarzer Pfeffer

Tortenbodenform, 20 cm Durchmesser

Backpapier und getrocknete Erbsen oder Bohnen

Für 4 Personen

Tomaten-Salsa

4 Tomaten

2 Frühlingszwiebeln, gehackt

frisch gepresster Saft von 1 Zitrone

1 Bund glatte Petersilie, gehackt

Meersalz und frisch gemahlener schwarzer Pfeffer

Für 4 Personen

Die Tomaten oben kreuzweise einschneiden und in eine Schüssel geben. Mit kochendem Wasser übergießen, 1–2 Minuten stehen lassen, dann abgießen und die Haut abziehen. Die Tomaten vierteln und entkernen, das Fruchtfleisch hacken. In einer Schüssel mit den restlichen Zutaten vermischen, 2 Stunden durchziehen lassen und zum Zwiebelkuchen servieren.

In einer Frauenrunde kommen leichte Gerichte mit frischen Zutaten gut an – aber beim Dessert geht es nicht ohne Schokolade.

Lachs im Schinkenmantel

Das Tolle an diesem Rezept ist, dass der Schinken nicht nur würzig und knusprig ist, sondern den Fisch gut zusammenhält. Bröckelnde Filets brauchen Sie nicht zu befürchten. Anstelle von Lachs eignet sich auch anderer Fisch gut, etwa Forelle, Dorsch, Heilbutt oder Seeteufel.

4 dünne Scheiben Fontina ohne Rinde

4 Lachsfilets à 175 g, gehäutet

4 Lorbeerblätter

8 dünne Scheiben luftgetrockneter Schinken

Meersalz und frisch gemahlener schwarzer Pfeffer

Backblech, leicht geölt

Für 4 Personen

Die Käsescheiben auf die Größe der Lachsfilets zuschneiden. Auf jedes Stück Fisch ein Lorbeerblatt und eine Scheibe Käse legen, dann 2 Scheiben Schinken darum wickeln.

Den Fisch auf das Backblech legen, in den vorgeheizten Backofen schieben und je nach Dicke der Lachsfilets 10–15 Minuten bei 200 °C garen.

Bandnudeln mit Zucchinistreifen

200 g Pappardelle

200 g Zucchini, längs in dünne Streifen geschnitten

frisch gepresster Saft und abgeriebene Schale von 1 Zitrone (unbehandelt)

2 Teelöffel Olivenöl extra vergine

1 Bund Schnittlauch, in Röllchen geschnitten

Meersalz und frisch gemahlener schwarzer Pfeffer

Für 4 Personen

Die Nudeln in einem großen Topf mit kochendem Salzwasser nach Packungsanweisung bissfest garen. 3 Minuten vor Ende der Garzeit die Zucchinistreifen zugeben.

Zitronensaft und –schale in einer Schüssel mit dem Öl verrühren. Schnittlauch, Salz und Pfeffer zugeben.

Nudeln und Zucchini in ein Sieb abgießen, wieder in den Topf geben. Das Zitronenöl zufügen, gut mischen und zum Lachs servieren.

Mini-Marmorkuchen

Das Geheimnis der kleinen Kuchen besteht darin, dass die Schokolade gefroren an den Teig gegeben wird. So kann sie beim Backen nicht verbrennen. Am besten serviert man die Kuchen 10 Minuten nach dem Backen, wenn die Schokolade noch weich ist. Wer sie vorbereitet, kann sie auch 1 Minuten auf hoher Stufe in der Mikrowelle erhitzen. Vorsicht, die Schokolade wird dabei sehr heiß.

100 g dunkle Schokolade (mindestens 70 % Kakaoanteil), in 4 große Stücke gebrochen

100 g weiße Schokolade, in 4 große Stücke gebrochen

175 g Butter

175 g hellbrauner Zucker

3 große Eier

2 Esslöffel Kakaopulver

175 g Mehl

2 Teelöffel Backpulver

Vanilleeis oder Schlagsahne als Beilage

Muffin-Blech mit 12 Vertiefungen

8 große Muffin-Papierformen

Für 4 Personen

Die Schokolade ins Tiefkühlfach legen. Die Papierformen in 8 Vertiefungen des Muffin-Blechs setzen.

Butter und Zucker in einer Schüssel mit dem elektrischen Handrührer schaumig schlagen. Eier und Kakao zufügen und nochmals aufschlagen. Das Mehl mit einem großen Metalllöffel unterheben. Die Papierformen zur Hälfte mit dem Teig füllen, dann in jede Teigportion ein Stück dunkle und ein Stück weiße Schokolade drücken.

Auf mittlerer Einschubleiste im vorgeheizten Ofen bei 180 °C 18–20 Minuten backen. Aus dem Ofen nehmen und in den Formen 5–10 Minuten abkühlen lassen. Die Papierförmchen abnehmen und die Muffins warm mit einem Klecks Vanilleeis oder Schlagsahne servieren.

Bankett am Strand

Der Rahmen

An Regentagen träume ich manchmal davon, ein Haus am Meer zu besitzen, weit weg von der Stadt, umgeben von Dünen und vielleicht ein paar Palmen. Natürlich würde ich das Vergnügen gern mit guten Freunden teilen, ihnen köstliche Speisen und Weine servieren, gemeinsam in der Sonne sitzen, schlemmen, plaudern und lachen.

Der Stil

Ein Tisch am Strand, gedeckt mit schlichtem Geschirr und Besteck – ein ruhiger Anblick. Für Farbe sorgt das Menü, für Leben die natürliche Umgebung und die fröhlichen Gäste. Die passende Tischdekoration besteht aus Treibholz, Muscheln und Strandkieseln mehr nicht.

Sommerfrischer Tomatentoast

Diese kleine Vorspeise verdankt ihr himmlisches Aroma dem superfrischen Knoblauch mit seinem klaren Geschmack und der Süße der vollreifen Sommertomaten. Gewiss, der frische Tomatensaft kleckert auf Kinn und Hände. Wenn Sie am Meer essen, ist reichlich Wasser zum Abspülen da. Wenn nicht, legen Sie reichlich Servietten bereit.

12 reife Tomaten
8 Scheiben Brot
8 Knoblauchzehen, halbiert
Olivenöl extra vergine zum Beträufeln
Meersalz und frisch gemahlener schwarzer Pfeffer

BEILAGEN
16 Spargelstangen
2 Handvoll Rucola

Für 8 Personen

Die Tomaten am Stielansatz kreuzweise anritzen, in einer Schüssel mit kochendem Wasser übergießen und 30 Sekunden ziehen lassen. Abgießen und häuten. Das Brot toasten und in einem Toastständer abkühlen lassen.

Brot, Knoblauch, Tomaten und Meersalz auf Tellern anrichten, dazu Olivenöl und Meersalz bereitstellen. Die Gäste reiben das Brot selbst mit dem Knoblauch ein, beträufeln es mit Olivenöl, belegen es mit Tomatenscheiben und würzen nach Geschmack mit Salz und Pfeffer. Dazu Stangenspargel und Rucola servieren.

DER ZEITPLAN

Am Vortag

- Mürbeteig zubereiten und abgedeckt kühl stellen.
- Frische Hummer vorkochen. Das Fleisch auslösen und abgedeckt kalt stellen.
- Kartoffeln für den Hummersalat kochen und abgedeckt kalt stellen.
- Tomaten für die Tomatentoasts häuten, einwickeln und kalt stellen.

Am Festtag

- Chilidressing zubereiten.
- Spargel zu den Tomatentoasts kochen, abkühlen lassen und abdecken.

In der letzten Stunde

- Hummersalat zubereiten.
- Brot rösten.

DAS MENÜ
FÜR 8 PERSONEN

Sommerfrischer Tomatentoast

Hummersalat mit Chilidressing

Kokoskuchen mit Maracuja

GETRÄNK

Chardonnay, Riesling, Rosé, Marsala

Hummersalat mit Chilidressing

Vorgekochte, halbierte Hummer kann man beim Fischhändler vorbestellen, darum machen sich die meisten Menschen nicht die Mühe, sie selbst zu kochen. Wer allerdings genug Zeit hat, sollte es ruhig tun, denn frischer kann man Hummer nicht servieren. Wenn Hummer nicht zu bekommen oder zu teuer ist, können Sie auch Seeteufel verwenden. Selbst Hähnchenbrustfilet, in Olivenöl gewendet und 25 Minuten im Ofen gegart, passt in den Salat. Wer nicht gern scharf ist, sollte die Chillies entkernen. Ich mag es feurig und esse die Kerne mit.

8 kleine oder 4 große Hummer

650 g Kartoffeln, grob gewürfelt

1 Bund Koriander, grob gehackt

1 rote Zwiebel, in dünne Ringe geschnitten

Meersalz und frisch gemahlener schwarzer Pfeffer

Salatblätter als Beilage

CHILIDRESSING

1 grüne oder rote Chili, entkernt (nach Belieben) und gehackt

5 cm frischer Ingwer, geschält und gehackt

5 Knoblauchzehen, zerdrückt

2 Esslöffel Weißweinessig

2 Esslöffel hellbrauner Zucker

Für 8 Personen

Für das Dressing Chili, Ingwer und Knoblauch in einen Topf geben. Essig und Zucker zufügen und alles bei niedriger Temperatur unter häufigem Rühren 10 Minuten köcheln lassen, bis die Flüssigkeit auf die Hälfte reduziert ist. 2 Esslöffel Wasser einrühren, vom Herd nehmen und abkühlen lassen.

Zum Vorkochen der Hummer Wasser in einem großen Topf aufkochen. Die Hummer vorsichtig ins kochende Wasser geben, den Deckel auflegen und pro 500 g 10 Minuten köcheln lassen. Abgießen und abkühlen lassen.

Scheren und Beine ablösen. Den Rumpf mit einem scharfen Messer längs halbieren, dabei den Hummer mit einem Geschirrtuch festhalten, damit er nicht wegrutscht. Beine und Scheren kacken, das Fleisch herausziehen, nicht zerschneiden. Das Fleisch aus den Rumpfhälften auslösen und in dicke Scheiben schneiden. Die Schalen aufbewahren.

Die Kartoffeln in einem Topf mit kochendem Salzwasser 20 Minuten garen. Sie sollen beim Einstechen mit einem Messer leicht nachgeben. Koriander und Hummerfleisch zu den Kartoffeln geben, salzen und pfeffern. Vorsichtig vermischen, dann den Salat in die leeren Hummerschalen häufen. Mit dem Dressing beträufeln, mit Zwiebelringen bestreuen und zu Blattsalat servieren. (Wenn Fisch oder Geflügel verwendet wird, eine Platte mit Salatblättern auslegen und den Salat darauf anrichten.)

Kokoskuchen mit Maracuja

Ich bin ein Fan von Gerichten, die man am Vortag zubereitet. Sie entschärfen den Festtagsstress. Dieser Kuchen wird sogar besser, wenn er an einem kühlen Platz ruhen kann – äußerst praktisch! Die Füllung ist eine kontrastreiche, exotische Mischung: süße Kokosnuss und herbfruchtige Maracuja.

TEIG

100 g Butter

100 g hellbrauner Zucker

150 g Mehl

BELAG

7 Maracujas, halbiert

3 Eier

75 g hellbrauner Zucker

75 g Kokosraspel

60 g Mehl

150 ml Kokosmilch

1 Esslöffel Puderzucker zum Bestäuben

Griechischer Joghurt, Sahne oder Vanilleeis als Beilage

Springform, 20 cm Durchmesser, leicht gebuttert

Für 8 Personen

Für den Teig Butter und Zucker in einer Schüssel mit dem elektrischen Handrührer cremig rühren. Das Mehl zu geben und mit den Fingern untermischen, bis eine krümelige Masse entsteht. In die Form geben, am Boden und den Seiten gut andrücken und kalt stellen. Inzwischen den Belag vorbereiten.

Die Maracujas mit einem Teelöffel ausschaben, das Fruchtfleisch in eine Schüssel geben. Eier und Zucker in einer großen Schüssel mit dem elektrischen Handrührer schaumig aufschlagen, bis sich das Volumen verdoppelt. Kokosraspeln, Mehl, Kokosmilch und Fruchtfleisch zufügen und alles mit einem großen Metalllöffel unterheben.

Den Belag auf den gekühlten Boden füllen und im vorgeheizten Backofen bei 180 °C 40 Minuten backen. Aus dem Ofen nehmen, 10 Minuten abkühlen lassen, dann aus der Form nehmen und auf eine Platte setzen. Mit Puderzucker bestäuben und mit Vanilleeis oder einer Mischung aus Joghurt und Sahne servieren.

DAS MENÜ

FÜR 8 PERSONEN

Feta-Pilz-Bissen

Knuspriger Lammbraten

Kartoffelpüree mit Erbsen und Minze

Paradies-Baisers

GETRÄNKE

Gewürztraminer oder Riesling zur Vorspeise, Cabernet Sauvignon oder Shiraz zum Lamm, Sauternes zu den Baisers

Nobles Diner

Der Rahmen

Hier geht es etwas förmlich zu. Sie erwarten den Chef, geschäftliche Bekannte oder jemanden, den Sie beeindrucken möchten. Das dreigängige Menü ist modern, aber erlesen und gekonnt zusammengestellt.

Der Stil

Ein Grund, mal wieder das „gute Geschirr“ zu decken. Jungverheiratete werden bei solchen Gelegenheiten manche Hochzeitsgeschenke schätzen lernen. Der Tisch ist elegant gedeckt und nur sparsam mit einzelnen Blütenstielen dekoriert.

Feta-Pilz-Bissen

Ein förmlicher Rahmen bedeutet nicht, dass das Menü kompliziert sein muss. Dies ist ein einfaches Rezept mit wunderbarem Aroma.

2 Knoblauchzehen, zerdrückt

4 Esslöffel Olivenöl plus etwas zum Beträufeln

8 Scheiben Baguette mit Rinde

8 große Champignonhüte

4 große Tomaten, geviertelt und entkernt

200 g Fetakäse, zerkrümelt

Meersalz und frisch gemahlener schwarzer Pfeffer

Basilikum- oder Salbeiblätter zum Garnieren

Für 8 Personen

Den Knoblauch in einer kleinen Schüssel mit dem Olivenöl vermischen. Das Brot von beiden Seiten mit der Mischung einpinseln und in einen Bräter legen. Auf jede Brotscheibe einen Pilzhut, zwei Tomatenviertel und etwas Fetakäse geben.

Mit Olivenöl beträufeln, mit Salz und Pfeffer würzen und im vorgeheizten Backofen bei 180 °C 25 Minuten backen, bis das Brot goldbraun ist. Mit Kräutern garnieren und servieren.

Knuspriger Lammbraten

3 Esslöffel Kreuzkümmelsamen

2 Esslöffel Koriandersamen

2 Teelöffel schwarze Pfefferkörner

4 Gewürznelken

4 kleine getrocknete Chilischoten

frisch gepresster Saft und abgeriebene Schale von 2 Zitronen (unbehandelt)

4 Esslöffel Olivenöl

3 Kotelettbraten vom Lamm, je 6 Koteletts

200 ml Rotwein

Kartoffelpüree mit Erbsen und Minze als Beilage (siehe gegenüber)

Für 8 Personen

Kreuzkümmel, Koriander, Pfefferkörner, Nelken und Chilischoten ohne Fett unter ständigem Rühren in einer Pfanne rösten. Die Gewürze in einem Mörser grob zerstoßen. In einer Schüssel mit Salz, Zitronenschale und -saft und dem Öl verrühren.

Das Fleisch mit der Mischung rundherum einreiben, in einen Bräter legen und abgedeckt über Nacht kalt stellen.

Das Fleisch im vorgeheizten Ofen bei 200 °C 20 Minuten garen, dann die Temperatur auf 180 °C reduzieren. Nach weiteren 20 Minuten ist das Fleisch rosa, nach 25 Minuten medium und nach 35 Minuten durchgebraten. Aus dem Ofen nehmen und 5 Minuten an einem warmen Platz ruhen lassen.

Inzwischen den Bräter auf die Herdplatte stellen, den Wein und 200 ml Wasser zugießen und den Bratensatz bei hoher Temperatur unter ständigem Rühren loskochen. Den Sud auf die Hälfte einkochen lassen.

Das Fleisch in einzelne Koteletts aufschneiden, auf dem Kartoffelpüree anrichten und mit etwas Sauce übergießen.

Kartoffelpüree mit Erbsen und Minze

Diese ungewöhnliche Kartoffelpüree-Variante macht die Küchenarbeit etwas leichter, weil das Gemüse gleich mit darin steckt. Das Kartoffelpüree kann vorbereitet werden, die Minze wird aber erst kurz vor dem Servieren zugegeben, damit sie ihre frisch-grüne Farbe behält.

1,5 kg mehlige Kartoffeln, gewürfelt

50 g Butter

1 Ei, verquirlt

100 ml Milch

300 g feine Erbsen, gefroren

1 Bund Minze, gehackt

Meersalz und frisch gemahlener schwarzer Pfeffer

Für 8 Personen

Die Kartoffeln in einem großen Topf mit kochendem Salzwasser 20 Minuten garen. Sie sollen beim Anstechen mit einem Messer leicht nachgeben. Gut abtropfen lassen, wieder in den Topf geben und unter gelegentlichem Rütteln bei niedriger Temperatur die Restflüssigkeit verdampfen lassen.

Butter, Ei, Milch, Salz und Pfeffer zugeben, kurz verrühren und vom Herd nehmen. Die Kartoffeln mit der Rückseite eines Holzkochlöffels zerdrücken und warm stellen.

In einem Topf Salzwasser aufkochen, die Erbsen zufügen und 2 Minuten blanchieren. Abgießen, zu den Kartoffeln geben. Die Minze zufügen und gut vermischen. Ein Teil der Erbsen wird dabei zerdrückt, ein Teil bleibt ganz.

DER ZEITPLAN

Am Vortag

- Baisers backen (bis zu 1 Woche vorher) und in einer luftdichten Dose aufbewahren.
- Würzmischung vorbereiten, das Fleisch damit einreiben und abgedeckt kalt stellen.

Am Festtag

- Kartoffeln schälen und mit kaltem Wasser bedecken.
- Beerencreme zubereiten.
  Die Baisers frühestens 2 Stunden vor dem Essen füllen und kalt stellen.
- Brot für die Vorspeise mit Knoblauchöl bestreichen und mit den übrigen Zutaten belegt in den Bräter setzen.

In der letzten Stunde

- Braten garen.
- Kartoffeln und Erbsen kochen, in getrennte Schüsseln füllen und warm stellen.
- Fleisch aus dem Ofen nehmen und warm stellen.
- Feta-Pilz-Bissen backen, die Sauce für das Lamm zubereiten.
- Fleisch aufschneiden, Erbsen und Kartoffeln vermischen.

Paradies-Baisers

Die Baisers können Sie eine Woche vorher backen und in einen Gefrierbeutel verpacken. Die Luft mit einem Strohhalm absaugen, den Beutel fest verschließen und kühl und trocken aufbewahren.

Beide Zuckersorten in einer Schüssel vermischen. Die Eiweiß in einer großen fettfreien Schüssel steif schlagen. Die Hälfte der Zuckermischung zufügen und nochmals aufschlagen, bis die Masse schnittfest ist und glänzt. Den restlichen Zucker zufügen und kurz unterrühren. Mit einem Dessertlöffel Häufchen auf das vorbereitete Backblech setzen. Reichlich Abstand lassen, weil die Baisers etwas auseinander laufen. Im vorgeheizten Backofen bei 110 °C 90 Minuten mehr trocknen als backen. Aus dem Ofen nehmen und abkühlen lassen.

Die Sahne in einer Schüssel steif schlagen. Die Hälfte der Beeren zufügen und kurz durchschlagen, bis die Sahne marmoriert aussieht. Etwa 2 Stunden vor dem Servieren je zwei Baisers mit etwas Fruchtcreme zusammensetzen und auf einer Platte oder Portionstellern anrichten. Mit den restlichen Beeren garnieren und bis zum Servieren kalt stellen.

100 g weißer Zucker

100 g hellbrauner Zucker

4 Eiweiß

300 ml Crème double

500 g gemischte Beeren, z.B. Himbeeren, Erdbeeren, Blaubeeren oder Brombeeren

Backblech, mit Backpapier ausgelegt

Für 8 Personen

Das Menü danach

Der Rahmen

Sie hatten eine große Familienfeier und das Zelt steht noch im Garten? Dann nutzen Sie es doch für eine ganz entspannte, zwanglose Party. Das gesamte Menü ist vorbereitet – so haben Sie nicht viel mehr zu tun, als mit den Gästen über das Fest des Vortages zu plaudern.

Der Stil

Partyzelte vermitteln Sommerstimmung, und dazu passen am besten Gartenmöbel mit weichen Kissen und üppiger Blumenschmuck. Alle Gänge werden gleichzeitig auf den Tisch gestellt, jeder bedient sich selbst. Dies ist ein Fest für die Familie und enge Freunde, da darf es gern zwanglos zugegen.

DER ZEITPLAN

An den Vortagen

- Bis 1 Woche vorher die Baiser backen und in einen fest verschlossenen Gefrierbeutel verpacken (die Luft mit einem Strohhalm absaugen).
- 3 Tage vorher das Ossobuco zubereiten und abgedeckt kalt stellen.
- 2 Tage vorher die Birnen und Pfirsiche pochieren und abgedeckt kalt stellen.

Am Festtag

- 2 Stunden vor dem Essen das Schichtbaiser zusammensetzen, bei Zimmertemperatur stehen lassen.

In der letzten Stunde

- Birnen in eine Schüssel geben.
- Ossobuco erwärmen.
- Kartoffeln schälen und garen.
- Bohnen putzen.
- Gremolata zubereiten, Bohnen kochen und Kartoffeln stampfen.

DAS MENÜ

FÜR 8 PERSONEN

Ossobuco mit Gremolata

Grüne Bohnen mit Knoblauch

Cremiges Kartoffelpüree

Schichtbaiser mit Mokkacreme

Pochierte Pfirsiche mit Glühwein-Birnen

GETRÄNKE

Pinot Noir zum Ossobuco, Sauternes zum Dessert

CHAMBERYZETTE

Ossobuco mit Gremolata

Dieses Gericht wird durch das Aufwärmen nur besser. Nach dem Anbraten kann es auch 1 1/2 Stunden bei 180 °C im Backofen gegart werden – natürlich in einer ofenfesten Form oder einem Bräter. Gremolata ist eine traditionelle Beilage zu den Beinscheiben, sie passt aber auch gut zu Fisch, Gegrilltem und hellem Fleisch. Damit die Kräuter ihr frisches Aroma bewahren, sollte die Gremolata in letzter Minute zubereitet werden.

OSSOBUCO

8 Beinscheiben vom Kalb à 300 g, mit Markknochen

4 Esslöffel Mehl

4 Esslöffel Olivenöl

3 Knoblauchzehen, zerdrückt

2 Zwiebeln, gehackt

4 Stangen Sellerie

1 Esslöffel Tomatenmark

2 Dosen gewürfelte Tomaten à 410 g

200 ml Weißwein

300 ml Gemüsebrühe

Meersalz und frisch gemahlener schwarzer Pfeffer

GREMOLATA

abgeriebene Schale von 3 unbehandelten Zitronen

3 Knoblauchzehen, fein gehakt

1 großes Bund glatte Petersilie, gehackt

Für 8 Personen

Die Beinscheiben mit Mehl bestäuben. Das Öl in einem Bräter erhitzen, die Beinscheiben darin bei mittlerer Temperatur rundum braun anbraten. Aus dem Bräter nehmen und beiseite stellen.

Bei Bedarf noch etwas Öl in den Bräter geben und erhitzen. Knoblauch, Zwiebeln und Sellerie 5 Minuten weich dünsten, aber nicht bräunen. Tomatenmark und Tomaten zugeben, gut verrühren. Wein und Brühe zugießen, mit Salz und Pfeffer abschmecken. Das Fleisch wieder in den Topf geben. Den Deckel auflegen und 1 1/2 Stunden leicht köcheln lassen. Zwischendurch bei Bedarf etwas Wein oder Brühe nachgießen. Aus dem Ofen nehmen, abkühlen lassen und abgedeckt kalt stellen.

Vor dem Servieren den Backofen auf 180 °C vorheizen und das Ossobuco 15 Minuten gut durchwärmen.

Inzwischen alle Zutaten für die Gremolata in einer Schüssel verrühren.

Das Ossobuco aus dem Ofen nehmen und mit der Gremolata servieren.

Grüne Bohnen mit Knoblauch

Nirgends steht geschrieben, dass man Bohnen in Wasser kochen muss. Bei dieser Garmethode bekommen sie ein wunderbar butteriges Knoblaucharoma, behalten aber ihren Biss.

2 Knoblauchzehen, zerdrückt

25 g Butter

2 Esslöffel Olivenöl

200 g flache, grüne Bohnen, schräg in Stücke geschnitten

200 g Prinzessbohnen, geputzt

200 g Zuckerschoten, geputzt

frisch gemahlener schwarzer Pfeffer

Für 8 Personen

Knoblauch, Butter und Öl in einem großen Topf langsam erhitzen. Bohnen und Erbsen zugeben und unter häufigem Rühren 5 Minuten bissfest gar dünsten. Mit reichlich schwarzem Pfeffer bestreuen und servieren.

Cremiges Kartoffelpüree

Gestampfte Kartoffeln kann man mit den verschiedensten Zutaten wunderbar aromatisieren. Zum Ossobuco, das sehr würzig ist, wird es aber pur serviert. Probieren Sie als Beilage zu gegrilltem Fisch oder Lammkoteletts einmal Kartoffelpüree mit frischen Kräutern, Ziegen- oder Blauschimmelkäse, Safran (kurz in heißem Wasser einweichen), körnigem Senf oder Frühlingszwiebeln.

1,5 kg Kartoffeln, gewürfelt

50 g Butter

4 Esslöffel Olivenöl

100 ml Sahne oder Milch

2 gehäufte Teelöffel englisches Senfpulver, mit etwas Wasser angerührt

Meersalz und frisch gemahlener schwarzer Pfeffer

Für 8 Personen

Die Kartoffeln in einem Topf mit kochendem Salzwasser 20 Minuten garen. Sie sollen beim Anstechen mit einem Messer leicht nachgeben. Abgießen und wieder in den Topf geben. 2 Minuten bei niedriger Temperatur die Restfeuchtigkeit verdampfen lassen. Vom Herd nehmen und stampfen. Butter, Öl, Sahne oder Milch und angerührtes Senfpulver zugeben. Mit Salz und Pfeffer abschmecken. Nochmals stampfen oder mit einem elektrischen Handrührer cremig aufschlagen.

Schichtbaiser mit Mokkacreme

Damit die Baisers gleichmäßig trocknen, sollten Sie sie zwischendurch aus dem Ofen nehmen und jedes auf einer anderen Schiene wieder einschieben.

6 Eiweiß

375 g hellbrauner Zucker

100 g gemischte Nüsse, gehackt

600 ml Crème double

2 Esslöffel Puderzucker plus etwas zum Bestäuben

1 Esslöffel Instant-Kaffee

100 g Walnüsse, gehackt

2 Backbleche, mit Backpapier ausgelegt

Für 8 Personen

Auf jedes Backblech einen Menüteller legen und die Kontur mit einem dunklen Stift nachzeichnen. Das Backpapier umdrehen.

Die Eiweiß in einer großen, fettfreien Schüssel zu steifen Schnee schlagen. Die Hälfte des Zuckers einrieseln lassen und weiter schlagen, bis die Masse glänzt. Den restlichen Zucker und die gemischten Nüsse kurz unterrühren. Die Masse in den vorgezeichneten Kreisen auf dem Backpapier verstreichen. Im vorgeheizten Backofen bei 140 °C 1 Stunde backen. Die Baisers sollen außen fest, innen aber noch etwas weich sein.

Die Sahne in einer Schüssel steif schlagen. Puderzucker und Instant-Kaffee in einer Tasse mit wenig kochendem Wasser auflösen. Kaffee und Walnüsse zur Sahne geben und unterschlagen.

Frühestens 2 Stunden vor dem Essen einen Löffel voll Creme auf eine Platte geben, darauf den ersten Baiserboden legen (die Creme verhindert, dass er verrutscht). Mit der Hälfte der Creme bestreichen, den zweiten Baiserboden auflegen und mit der restlichen Creme bestreichen. Den dritten Boden auflegen und Mit Puderzucker bestreuen. Bis zum Servieren kalt stellen.

Pochierte Pfirsiche mit Glühwein-Birnen

Die Früchte können solo oder zum Schichtbaiser serviert werden. Kaufen Sie reife, saftige Pfirsiche – die Steine lassen sich leichter lösen.

8 Birnen, geschält, aber mit Stiel

750 ml Flasche Rotwein

1 Sternanis

2 Kardamomkapseln

4 Gewürznelken

1 ungehandelte Zitrone in Scheiben

100 g hellbrauner Zucker

4 Pfirsiche, halbiert und entsteint

Für 8 Personen

Die Birnen in einen Topf geben. Wein, Gewürze und Zucker zufügen. Langsam zum Kochen bringen, dann 15 Minuten köcheln lassen. Vom Herd nehmen, die Pfirsichhälften zufügen und 1 Stunde ziehen lassen. Warm oder kalt mit Sahne oder Mascarpone servieren oder zum Schichtbaiser reichen.

Laksa mit Meeresfrüchten

Servieren Sie die würzige Suppe auch einmal als leichtes Hauptgericht.

200 g Reisnudeln

2 Esslöffel Erdnussöl

1 Zwiebel, in Ringe geschnitten

2 Knoblauchzehen, zerdrückt

5 cm Ingwer, geschält und gehackt

1 Stiel Zitronengras, zerdrückt und in Stücke geschnitten

1 rote Chili, in Ringe geschnitten

600 g rohe Scampi ohne Schale

$^1/_2$ Teelöffel Kurkuma, gemahlen

$^1/_2$ Teelöffel Koriander, gemahlen

500 ml Kokosmilch

800 ml Fisch- oder Gemüsebrühe

1 Esslöffel Fischsauce

frisch gepresster Saft von 1 Limette

200 g frische Bohnensprossen

1 Bund Frühlingszwiebeln, in Ringe geschnitten

Für 8 Personen

Die Nudeln in einer Schüssel mit kochendem Wasser übergießen und 10 Minuten oder nach Herstelleranweisung einweichen. Abgießen.

Das Öl in einem großen Topf erhitzen. Zwiebel, Knoblauch, Ingwer, Zitronengras, Chili und Krabben zufügen und bei mittlerer Temperatur unter häufigem Rühren 5 Minuten andünsten. Kurkuma und Koriander zufügen und 2 Minuten mitdünsten. Kokosmilch, Brühe, Fischsauce, Limettensaft, Sprossen, Nudeln und Frühlingszwiebeln zufügen. Verrühren und 2 Minuten leicht köcheln lassen, dann servieren.

Thai-Salat mit Ente

Dieses Rezept kostet etwas Zeit, kommt aber bei meinen Gästen immer großartig an. Wer Lust auf neue Geschmackserlebnisse hat, sollte ihn unbedingt ausprobieren. Statt Ente können Sie auch Krabben, Rind- oder Schweinefleisch verwenden.

75 g Thai-Duftreis

4 Entenkeulen

1 Esslöffel Fischsauce

5 cm Ingwer, geschält und gehackt

5 cm Galgant (ersatzweise Ingwer), geschält und gehackt

3 Stiele Zitronengras, in Ringe geschnitten

6 Kaffir-Limettenblätter

100 ml Kokosmilch

3 grüne Mangos, geschält und in feine Stifte geschnitten

100 g chinesische grüne Bohnen, in Stücke geschnitten

2 Chilischoten, fein gehackt

100 g Chinakohl oder Eisbergsalat, in Streifen geschnitten

1 Bund Thai-Basilikum

1 Bund Koriander, gehackt

50 g Cashewkerne, gehackt

DRESSING

1 Vogelaugenchili, entkernt und gehackt

1 Esslöffel Fischsauce

frisch gepresster Saft von 3 Limetten

1 Esslöffel Tamarindenpaste

Für 8 Personen

Den Reis in einer Schüssel mit kaltem Wasser bedecken und 5 Minuten einweichen. Abgießen, dann gleichmäßig auf einem Backblech verteilen und im vorgeheizten Backofen bei 200 °C 30 Minuten goldbraun rösten, bis die Reiskörner sich aufblähen. Im Mörser grob zerstoßen. Den Ofen nicht abschalten.

Die Entenkeulen in einen Bräter legen. Fischsauce, Ingwer, Galgant, Zitronengras, 4 Limettenblätter und die Kokosmilch verrühren und zugießen. Bei 200 °C im Backofen 30 Minuten garen, dann die Temperatur auf 180 °C reduzieren und weitere 40 Minuten garen, bis die Haut braun und knusprig ist. Abkühlen lassen, dann das Fleisch von den Knochen lösen, mundgerechte Stücke schneiden und mit Bratensatz und Saft aus dem Bräter in eine Schüssel geben.

Mango, Bohnen, Chili und Chinakohl zum Fleisch geben. Die restlichen Limettenblätter in feine Streifen schneiden und zufügen. Kurz vor dem Servieren Basilikum, Koriander und Reis untermischen.

Für das Dressing Chili, Fischsauce, Limettensaft und Tamarindenpaste in einer kleinen Schüssel verrühren. Direkt vor dem Servieren über den Salat geben, mischen und mit gehackten Cashewkernen bestreuen.

Koreanisches Huhn

Schneiden Sie sichtbares Fett vom Fleisch ab und gießen Sie während des Bratens das Öl ab.

2 kg Hähnchenteile, küchenfertig

4 Esslöffel Sesamöl

100 ml helle Sojasauce

4 Knoblauchzehen, zerdrückt

1 Esslöffel Chilipulver

5 Frühlingszwiebeln, fein gehackt

frisch gemahlener schwarzer Pfeffer

BEILAGE

500 g Eiernudeln (roh)

1 Teelöffel schwarze Sesamkörner

Für 8 Personen

Das Fleisch in eine ofenfeste Form geben. Sesamöl, Sojasauce, Knoblauch, Chilipulver, Frühlingszwiebeln und Pfeffer zugeben, verrühren und abgedeckt über Nacht kalt stellen.

Das Fleisch in der offenen Form im vorgeheizten Backofen bei 180 °C 30 Minuten garen. Die Temperatur auf 140 °C reduzieren und 40 Minuten weitergaren. Inzwischen die Nudeln nach Packungsanleitung zubereiten, abgießen und mit Sesam bestreuen. Zum Hähnchen servieren.

Exotischer Obstsalat

Äpfel und Orangen werden sie hier vergeblich suchen. Verwenden Sie exotische Früchte, die gerade Saison haben und erschwinglich sind. Mehr als vier Sorten sollten es aber nicht sein, sonst sind die einzelnen Aromen nicht mehr zu erkennen.

Geeignet sind süße Ananas, Mango, Papaya, Bananen, Lychees, frische Kokosnuss, Melonen aller Art, Granatapfel, Maracuja oder Carambole.

Frisch gepresster Saft von 4 Limetten

Für 8 Personen

Die gewählten Früchte putzen, bei Bedarf schälen und in mundgerechte Stücke schneiden. Mit dem Limettensaft beträufeln.

Reiskuchen mit Bananen

Nennen wir es die asiatische Version der Tarte tatin. Wer süße, heiße Bananen mag, wird bei diesem Rezept dahinschmelzen.

- **75 g brauner Zucker**
- **25 g Butter**
- **6 Bananen, in Scheiben geschnitten**
- **175 g weißer Reis, gegart, abgetropft und abgekühlt**
- **2 Eier, verquirlt**
- **$^1/_2$ Teelöffel Vanilleextrakt**
- **$^1/_2$ Teelöffel frisch gemahlene Muskatnuss**
- **50 g hellbrauner Zucker**
- **100 g Mehl**
- **1 Teelöffel Backpulver**

Für 8 Personen

Braunen Zucker und Butter in einer ofenfesten, flachen Form bei mittlerer Hitze auf dem Herd schmelzen. Wenn die Masse brodelt, die Bananenscheiben einschichten. Gekochten Reis, Ei, Vanillearoma und Muskatnuss in einer Schüssel verrühren. Zucker und Mehl unterrühren. Die Masse gleichmäßig auf den Bananen verteilen. Im Vorgeheizten Backofen bei 180 °C 35 Minuten goldbraun backen. 5 Minuten abkühlen lassen, dann aus der Form stürzen, sodass die Bananen oben liegen. Heiß, zimmerwarm oder kalt servieren.

Sweet Little Sixteen

Der Rahmen

Für Teenager gibt es nichts Wichtigeres als die Freunde. In diesem Alter gehören Parties einfach zum Leben. Musik, Kleider und Tänze müssen hip sein – und natürlich auch das Essen.

Der Stil

Speisen und Geschirr werden als Buffet aufgebaut, jeder bedient sich selbst. Denken Sie an reichlich Servietten und einen großen Stapel Teller. Es schmeckt so gut, dass reichlich Nachschlag genommen wird.

DAS MENÜ

FÜR 24 PERSONEN

Hähnchenspieße mit Chili

Kräuter-Burger

Kartoffel-Crisps mit grünem Dip

Mexikanische Gemüse-Wraps

Chocolate Chips-Eis-törtchen

GETRÄNKE

Apfel-Minz-Fizz

Ingwerbier

Apfel-Minz-Fizz

Selbst gemachte Getränke kommen so gut an, weil man sie nirgends kaufen kann: den Geschmack kennt man noch nicht auswendig. Dies ist ein Rezept für heiße Sommertage.

1 großes Bund Minze

2 Liter Apfelsaft

1 Liter Mineralwasser mit Kohlensäure

Eiswürfel

Ergibt ca. 3,5 Liter

Einige Minzeblätter zum Garnieren beiseite legen, die übrigen in eine hitzefeste Kanne geben und mit 300 ml kochendem Wasser übergießen. Abkühlen lassen, dann kalt stellen.

Den Minze-Sud in einen großen Krug geben. Mit Apfelsaft und Mineralwasser auffüllen, Eiswürfel zugeben. Die restlichen Minzeblätter hacken und auf die Flüssigkeit streuen.

Ingwerbier

6 Liter ist eine stattliche Menge, aber das Ingwerbier kann man gut aufbewahren. Die Flaschendeckel fest aufdrehen – sie springen manchmal ab.

3 unbehandelte Zitronen

625 g hellbrauner Zucker

200 g frischer Ingwer, geschält und in Scheiben geschnitten

5 g Weinsteinsäure

1 Esslöffel Bierhefe

Ergibt ca. 6 Liter

Die gelbe Zitronenschale in langen Streifen abschälen, die weiße Schalenschicht entfernen. Das Zitronenfruchtfleisch in Scheiben schneiden, dabei die Kerne entfernen. Zitronenfruchtfleisch und Schale mit Zucker, Ingwer und Weinsteinsäure in eine sehr große Schüssel geben. 6 Liter kochendes Wasser zugießen und abkühlen lassen.

Wenn die Flüssigkeit handwarm ist, die Bierhefe einrühren. Die Schüssel mit Frischhaltefolie bedeckten und 24 Stunden an einem warmen Platz stehen lassen. Die Hefe mit einem großen Metalllöffel abschöpfen, dann die Flüssigkeit durch ein feines Sieb gießen. In Flaschen füllen, fest zuschrauben und 2 Tage ruhen lassen. Gekühlt servieren.

DER ZEITPLAN

Am Vortag

- Ingwerbier zubereiten (bis 7 Tage vorher)
- Hähnchen marinieren und abgedeckt kalt stellen.
- Burger formen und abgedeckt kalt stellen.
- Kartoffeln backen, ausschaben und die Schale in Spalten schneiden.

Am Festtag

- Cookies backen, abkühlen lassen und je 2 mit Eiscreme zusammensetzen. Ins Gefrierfach legen.
- Dip für die Kartoffel-Crisps rühren. Die Schalen vorbacken, noch keinen Käse zugeben.
- Gemüse für die Burger vorbereiten.
- Hähnchenspiele garen.
- Gemüse-Wraps zubereiten.

In der letzten Stunde

- Burger braten.
- Kartoffel-Crisps mit Käse bestreuen und fertig backen.
- Apfel-Minz-Fizz zubereiten.

Hähnchenspieße mit Chili

Bereiten Sie von den Spießen lieber mehr vor, sie gehen weg wie warme Semmeln.

12 Hähnchenbrustfilets, jedes in 10 Würfel geschnitten

400 ml milde Chilisauce

Olivenöl zum Bestreichen

24 Holzspieße, 30 Minuten in kaltem Wasser eingeweicht

Für 24 Personen

Fleisch und Chilisauce in einer Schüssel vermischen und abgedeckt über Nacht kalt stellen. Je 5 Fleischstücke auf einen Holzspieß schieben. Den Grill auf mittlerer Temperatur vorheizen, das Grillrost mit Öl einpinseln.

Die Spieße eventuell portionsweise unter häufigem Wenden 25 Minuten garen, bis das Fleisch durchgegart ist. Heiß oder kalt servieren.

Kräuter-Burger

Am besten lässt sich die Fleischmasse mit den Händen formen. Kaufen Sie keine weichen Papp-Burgerbrötchen, sondern knackfrische Brötchen vom Bäcker.

1,25 kg mageres Rinderhackfleisch

8 Schalotten, fein gehackt

5 Knoblauchzehen, gehackt

1 Bund glatte Petersilie, gehackt

1 Bund Schnittlauch, gehackt

1 Bund Estragon, gehackt

2 Teelöffel Meersalz

2 Teelöffel frisch gemahlener schwarzer Pfeffer

3 Esslöffel Worcestershiresauce

1 Teelöffel Tabasco

BEILAGEN

Knusprige Brötchen oder Ciabatta

Fleischtomaten-Scheiben

Rucola oder Brunnenkresse

Dünne Ringe von roten Zwiebeln

Frühlingszwiebeln

Senf, Mayonnaise, Tomatenketchup

Pergamentpapier

Für 24 Personen

Alle Zutaten für die Burger in einer großen Schüssel mit den Händen gründlich durchkneten. Aus der Masse 24 flache Burger formen und auf eine Platte legen. Zwischen die Schichten Pergamentpapier legen. Abgedeckt kalt stellen.

Bei starker Hitze auf einem vorgeheizten Grill oder in einer beschichteten Pfanne von beiden Seiten 3 Minuten braten (medium). Sollen sie durchgebraten sein, beträgt die Garzeit pro Seite 5 Minuten.

Alle Zutaten bereitstellen, sodass sich die Gäste ihre Burger selbst zusammensetzen können.

Kartoffel-Crisps mit grünem Dip

Entscheiden Sie selbst, ob der Käse knackig oder weich und cremig sein soll – und nehmen Sie die Crisps im richtigen Moment aus dem Ofen. Das ausgeschabte Innere wird für ein anderes Gericht verwendet.

12 große Kartoffeln, gut gewaschen

200 ml Olivenöl

400 g reifer Cheddar oder Gouda

GRÜNER DIP

400 ml saure Sahne

2 Bund Schnittlauch, gehackt

2 Bund Frühlingszwiebeln, gehackt

1 Bund glatte Petersilie, gehackt

Meersalz und frisch gemahlener schwarzer Pfeffer

Backblech, leicht geölt

Für 24 Personen

Die Kartoffeln mit einem spitzen Messer in der Mitte durchstechen. Im vorgeheizten Backofen bei 180 °C 1 Stunde 10 Minuten garen. Aus dem Ofen nehmen und etwas abkühlen lassen. Die Kartoffeln längs halbieren und mit einem Teelöffel das Innere bis auf eine dünne Schicht in der Schale herausschaben. Jede Schale in 4 Streifen schneiden, abdecken und kalt stellen.

Die Kartoffelschalen mit Öl einpinseln und in einer Schicht auf dem vorbereiteten Backblech ausbreiten. Auf der oberen Schiene im vorgeheizten Ofen bei 220 °C 30 Minuten goldbraun rösten, dabei gelegentlich rütteln, damit sie gleichmäßig bräunen. Aus dem Ofen nehmen, die Temperatur auf 200 °C reduzieren. Mit Käse bestreuen und überbacken: 5 Minuten, wenn der Käse weich sein soll, 10 Minuten, wenn er knusprig sein soll.

Für den Dip saure Sahne, Zwiebeln, Knoblauch und Kräuter verrühren, mit Salz und Pfeffer abschmecken. Zu den Kartoffel-Crisps servieren.

Mexikanische Gemüse-Wraps

Weil sich Avocado leicht verfärbt, sollten die Wraps gleich nach der Zubereitung serviert werden. Sie können die Zutaten auch bereitstellen, sodass jeder sein Wrap selbst rollt. Die Avocados bleiben dann ganz und jeder schneidet sich nach Bedarf etwas ab.

12 große Tortillas

200 g Frischkäse

4 Mohrrüben, geraspelt

1 Bund Koriander, gehackt

1 Bund Schnittlauch, gehackt

1 Bund Frühlingszwiebeln, gehackt

2 Chilischoten, gehackt

4 Avocados, halbiert, entkernt und in Scheiben geschnitten

frisch gepresster Saft von 2 Zitronen

4 Esslöffel Olivenöl plus etwas zum Servieren

Meersalz und frisch gemahlener schwarzer Pfeffer

Für 24 Personen

Die Tortillas gemäß Packungsanweisung fertig backen. Jede Tortilla auf ein großes Stück Frischhaltefolie legen. Mit Frischkäse bestreichen, mit Mohrrüben, Schnittlauch, Frühlingszwiebeln und Chilistückchen bestreuen. Den Belag mit einem breiten Messer flach drücken.

Die Avocadoscheiben in einer Schüssel mit Zitronensaft, Salz und Pfeffer vermischen, gleich auf den Tortillas verteilen. Die Folie anheben, um die Tortillas fest aufzurollen. Die Rollen in die Folie wickeln, die Enden fest zudrehen. Kalt stellen. Kurz vor dem Servieren mitsamt der Folie halbieren.

375 g Butter

375 g hellbrauner Zucker

3 Eier

1 Teelöffel Vanille extrakt

375 g Mehl

375 g Schokolade (70 % Kakaoanteil), gehackt

2,5 Liter Vanilleeis mit Schokostückchen

2 Backbleche, mit Backpapier ausgelegt

Für 24 Personen

Chocolate Chips-Eistörtchen

Doppelter Genuss aus zwei Lieblings-Leckereien. Wer absolut keine Zeit zum Backen hat, nimmt gekaufte Cookies. Diese schmecken allerdings viel besser.

Butter und Zucker in einer Schüssel schaumig aufschlagen. Eier und Vanilleextrakt zugeben und verrühren. Es schadet nicht, wenn sich die Mischung trennt. Mehl und Schokolade unterheben. Häufchen (je 2 Teelöffel Teig) mit reichlich Abstand auf die Bleche setzen. Eventuell müssen Sie mehrere Partien backen, um 48 Plätzchen zu erhalten. Im vorgeheizten Backofen bei 180 °C auf mittlerer Schiene 15 Minuten hellbraun backen. Aus dem Ofen nehmen, 5 Minuten auf dem Blech abkühlen lassen, dann zum Auskühlen auf ein Kuchengitter geben.

Je 2 Cookies mit einer dicken Schicht Eis zusammensetzen, auf eine Platte legen, mit Folie abdecken und ins Gefrierfach schieben. 20 Minuten vor dem Servieren herausnehmen, damit das Eis leicht antauen kann.

Küstenmenü

Der Rahmen

Hätte ich ein Haus am Meer oder an einem Fluss, würde ich so ein Menü jede Woche servieren. Stellen Sie sich so ein Leben vor: Ein bisschen schwimmen, etwas essen, einen Drink nehmen, wieder etwas essen – locker und vergnügt mit einem abwechslungsreichen Angebot von Leckereien anstelle eines formellen Drei-Gänge-Menüs. Man trifft sich zum Mittag und plaudert gemächlich bis zum Sonnenuntergang. Der Trick besteht darin, nicht alles gleichzeitig auf den Tisch zu stellen und die Gäste zum Mitkochen zu animieren.

Der Stil

Auch so ein lockeres Treffen verlangt ein bisschen Organisation – wirklich nur ein bisschen. Den Berg Abwasch macht niemand gern – aber dafür kann man einen Helfer anheuern. Decken Sie einen großen Tisch und zünden Sie in der Nähe den Grill an. Auf einem zweiten Tisch stehen die Getränke bereit. Kühlen Sie Flaschen in kunterbunten Plastikkästen voller Eiswürfel.

DAS MENÜ

FÜR 20 PERSONEN

Wodka-Melone

Schwertfisch mit Sesamkruste in Ingwerdressing

Milder Paprikasalat

Schweine-Spießchen mit pikantem Dip

Ofentomaten mit Mozzarella

Nudelberge

Rot-Blaue Beerentörtchen

GETRÄNKE

Pinot Blanc Chardonnay

DER ZEITPLAN

Am Vortag

- Törtchen backen und kühl lagern.
- Schweinefleisch vorbereiten und über Nacht marinieren.
- Tomaten vorbereiten und abgedeckt kalt stellen.

Am Festtag

- Wodka-Melone vorbereiten und kalt stellen.
- Paprika und Zwiebeln zubereiten.
- Schwertfisch in Sesam wälzen und abgedeckt kalt stellen.
- Ingwerdressing zubereiten.
- Dip zum Schweinefleisch zubereiten.

In der letzten Stunde

- Beerentörtchen zubereiten.
- Schwertfisch, Schweinefleisch und Tomaten garen.
- Paprikasalat zubereiten.
- Nudelberg zubereiten.

Wodka-Melone

Dieser Drink sieht harmlos aus, doch er hat es in sich. Wer keine kernlose Wassermelone bekommt, muss normale nehmen und entkernen.

1 kernlose Wassermelone, gekühlt

750 ml Wodka, eisgekühlt

Limettenschnitze und Eiswürfel

Für 20 Personen

Die Melone halbieren, das Fruchtfleisch ausschaben und im Mixer glatt pürieren. In einen großen Krug füllen, den Wodka zugeben und vor dem Servieren 2 Stunden kühlen. Wer Promille sparen will, füllt den Drink mit Mineralwasser oder Zitronenlimonade auf.

Schwertfisch mit Sesamkruste in Ingwerdressing

Schwertfisch ist prima zum Grillen, weil das feste Fleisch beim Wenden nicht zerbricht. Das Aroma ist intensiv, darum sind kleine Portionen genug. Auch Tunfisch ist für dieses Rezept geeignet.

20 Schwertfisch-Steaks à 100 g

5 Eiweiß*

750 g geröstete Sesamsamen

1 Esslöffel Chiliflocken

INGWERDRESSING

400 g frischer Ingwer, geschält und fein gehackt

600 ml helle Sojasauce

2 Bund Frühlingszwiebeln, gehackt

4 Esslöffel Sesamöl

Für 20 Personen

Die Schwertfisch-Steaks mit Küchenpapier trocken tupfen. Die Eiweiß in einer Schüssel schaumig schlagen. Sesam und Chiliflocken auf einem großen Teller vermischen. Die Fischstücke erst in Eiweiß tauchen, dann in Sesam wälzen. Sie sollen gleichmäßig bedeckt sein. Auf dem vorgeheizten Grill (Holzkohle oder Elektro) von jeder Seite 5 Minuten garen.

Alle Zutaten für das Dressing in einer Schüssel vermischen und zum Fisch servieren.

***Hinweis:** Die Eiweiß bleiben vom Teig des Desserts übrig.

Schweine-Spießchen mit pikantem Dip

Der frische Joghurt-Dip enthält keine Nüsse und eignet sich darum auch für Allergiker. Das Schweinefleisch können Sie durch Rind oder Geflügel ersetzen.

4 Schweinefilets à 400 g, in 4 cm große Würfel geschnitten

4 Esslöffel mildes Currypulver

4 Esslöffel gemahlener Koriander

375 g frischer Ingwer, geschält und geraspelt

4 Knoblauchzehen, zerdrückt

4 Esslöffel Sojasauce

4 Esslöffel Pflanzenöl

PIKANTER DIP

4 Esslöffel mildes Currypulver

2 große Bund Koriander, gehackt

500 ml griechischer Joghurt

20 lange Metallspieße

Für 20 Personen

Das Fleisch in einer Schüssel mit Currypulver, gemahlenem Koriander, Ingwer, Knoblauch, Sojasauce, Öl und 6 Esslöffeln Wasser vermischen. Abgedeckt mindestens 1 Stunde, besser über Nacht, kalt stellen.

Die Fleischwürfel auf die Spieße schieben und auf dem vorgeheizten Grill 20 Minuten garen, dabei häufig wenden.

Die Zutaten für den Dip verrühren und zu den Spießen servieren.

Milder Paprikasalat

In Italien weiß man schon lange, wie gut gebackene Paprika schmeckt. Glauben sie nur nicht, dass die Mengen für dieses Rezept zu großzügig bemessen sind. Die Platte wird ruckzuck leer sein!

10 rote Paprikaschoten, entkernt und in große Stücke geschnitten

5 rote Zwiebeln, längs geviertelt

4 Esslöffel Olivenöl

5 Esslöffel Balsamico-Essig

2 Esslöffel flüssiger Honig

400 schwarze Oliven (z.B. Kalamata), entkernt und gehackt

Meersalz und frisch gemahlener schwarzer Pfeffer

Petersilie zum Garnieren

Für 20 Personen

Paprikastücke und Zwiebeln in einer großen Schüssel mit dem Öl vermischen. Auf 2 Backbleche verteilen und im vorgeheizten Ofen bei 180 °C 40 Minuten garen. Nach der Hälfte der Zeit das Gemüse wenden. Aus dem Ofen nehmen, mit Essig, Honig, Oliven, Salz und Pfeffer vermischen und abkühlen lassen. Mit etwas Petersilie garnieren und warm oder kalt servieren.

Ofentomaten mit Mozzarella

Versuchen Sie, violettes Basilikum zu bekommen. Es sieht einfach interessanter aus. Das Rezept ist ganz einfach, aber eine feine Abwechslung zu den üblichen Grilltomaten.

20 reife Tomaten

250 g Mozzarella, abgetropft und in 20 Stücke geschnitten

100 ml Olivenöl

1 Bund Basilikum, in Stücke gezupft

Meersalz und frisch gemahlener schwarzer Pfeffer

1 großes Backblech, leicht geölt

Für 20 Personen

Die Tomaten oben kreuzweise tief einschneiden, in jede ein Stück Mozzarella drücken. Auf das Backblech setzen, mit Salz und Pfeffer bestreuen und im vorgeheizten Backofen bei 160 °C 25 Minuten garen, bis die Tomaten aufzuplatzen beginnen. Mit Öl beträufeln, mit Basilikum bestreuen und warm servieren.

Zugegeben, ich protze gern mit meiner Kochkunst. Manchmal will ich nur ein kleines Essen veranstalten – und am Ende lade ich doch 20 Gäste ein. Ich kann es einfach nicht lassen.

Nudelberge

Vegetarische Gäste wissen es sehr zu schätzen, wenn es auch für sie reichlich Auswahl gibt. Dieser Nudelberg mag riesig aussehen, aber er wird reißenden Absatz finden. Sie können auch andere Gemüse verwenden, etwa Spargel, Mini-Maiskolben, feine grüne Bohnen, Mohrrüben, Pilze oder Wasserkastanien.

300 g asiatische Eiernudeln

6 Esslöffel Pflanzenöl

4 Knoblauchzehen, zerdrückt

12 cm frischer Ingwer, geschält und gehackt

4 Zwiebeln, in dünne Ringe geschnitten

4 Chilischoten, in dünne Ringe geschnitten

1 Chinakohl, in schmale Streifen geschnitten

250 g Bohnensprossen

200 ml Sojasauce

frisch gepresster Saft von 4 Limetten

2 Bund Frühlingszwiebeln, gehackt

400 g Cashewkerne, gehackt

Für 20 Personen

Die Nudeln nach Packungsanweisung zubereiten, abgießen und in eine Schüssel mit kaltem Wasser geben.

Das Öl in einem Wok erhitzen. Knoblauch, Ingwer, Zwiebeln und Chili 5 Minuten bei mittlerer Temperatur weich dünsten. Chinakohl und Bohnensprossen zufügen und kurz erwärmen. Die Nudeln abgießen und in den Wok geben. Alles mit 2 großen Löffeln vermischen, dann Sojasauce, Limettensaft, Frühlingszwiebeln und Cashewkerne zufügen. Nochmals mischen und servieren.

TEIG

750 g Mehl

150 g hellbrauner Zucker

525 g Butter

6 Eigelb

BELAG

300 g Blaubeeren

250 g Puderzucker plus etwas zum Bestäuben

1,2 Liter Crème double

1 kg Erdbeeren, geputzt, große Früchte halbiert

500 g Himbeeren

300 g Brombeeren

3 Tortenboden-Formen mit losem Boden, 23 cm Durchmesser, gebuttert

Pergamentpapier und getrocknete Erbsen oder Bohnen

Für 20 Personen

Rot-Blaue Beerentörtchen

Diesen Törtchen aus knusprigem Teig, hoch getürmten Beeren und üppiger Sahne kann niemand widerstehen. So große Teigmengen bereitet man am besten in zwei Portionen zu. Die Eiweiß, die für den Teig nicht benötigt werden, können Sie gleich für den Schwertfisch verwerten.

Je die Hälfte von Mehl, Zucker und Butter in der Küchenmaschine zu einer krümeligen Masse verarbeiten. 3 Eigelb zufügen und nochmals mixen, bis der Teig zusammenhält. Aus der Schüssel nehmen und die zweite Hälfte der Zutaten ebenso verarbeiten. Den Teig durchkneten, in drei Portionen teilen. Jede in ein Stück Frischhaltefolie wickeln und mindestens 20 Minuten kalt stellen.

Jede Teigkugel nacheinander auf einer leicht bemehlten Arbeitsfläche etwas größer als die Backform ausrollen. Den Teig vorsichtig in die Form legen, den Boden mehrmals mit einer Gabel anstechen und 20 Minuten kalt stellen.

Die gekühlten Böden mit Pergamentpapier abdecken, Erbsen oder Bohnen darauf geben und im vorgeheizten Ofen bei 180 °C 20 Minuten blind backen. Erbsen und Papier entfernen und die Böden bei 160 °C weitere 20 Minuten goldbraun backen.

Die Blaubeeren mit der Hälfte des Puderzuckers in einen kleinen Topf geben. 100 ml Wasser zufügen und 5 Minuten leicht köcheln lassen, bis die Beeren weich sind. Vom Herd nehmen und abkühlen lassen.

Die Sahne mit dem restlichen Puderzucker in einer Schüssel steif schlagen. Die Erdbeeren zufügen, kurz durchrühren und die Creme auf die abgekühlten Tortenböden verteilen. Himbeeren und Brombeeren darauf häufen. Die gedünsteten Baubeeren darüber verteilen, die Tortenböden aus den Formen nehmen und vor dem Servieren mit Puderzucker bestreuen.

DAS MENÜ

FÜR 12 PERSONEN

Hähnchen Jalfrezi

Gemüsecurry mit Kichererbsen

Knuspriger Reiskuchen

Tomaten-Zwiebel-Salat

Naan- und Pappadam-Fladen

Karamellisierte Orangen und Ananas

GETRÄNKE

Helles Bier, Sauvignon Blanc, Viognier

Festbüffet

Der Rahmen

Die indisch inspirierten Gerichte eignen sich gut für eine große Gästeschar. Man kann sie gut vorbereiten, dadurch verbessert sich sogar ihr Aroma.

Der Stil

Zeigen Sie den Designer, der in Ihnen steckt! Schwelgen Sie in Saristoffen, Blumengirlanden und bunten Tischdecken. Wenn Sie im Freien feiern, darf es ruhig etwas dekadent sein: Breiten Sie Teppiche oder Decken aus und verteilen Sie dicke Kissen um einen niedrigen Tisch.

DER ZEITPLAN

Am Vortag

- Das Hähnchen Jalfrezi zubereiten, abkühlen und abgedeckt kalt stellen. Vor dem Servieren im Ofen erwärmen, dann erst Zitrone und Kräuter zufügen.

Am Festtag

- Reis einweichen, den Reiskuchen zubereiten.
- Orangen und Ananas in Scheiben schneiden.
- Gemüsecurry kochen.

In der letzten Stunde

- Tomaten-Zwiebel-Salat zubereiten.
- Karamell zubereiten. Als Sauce kann er vorbereitet werden, aber Zuckerfäden müssen im letzten Moment gezogen werden.

Hähnchen Jalfrezi

Anstelle des Geflügels können Sie für dieses Curry auch Rind- oder Lammfleisch, Fisch oder Krabben verwenden. Falls Sie Fisch wählen, lassen Sie sich beim Händler beraten: Sie brauchen eine hellfleischige, feste Sorte, z.B. Schwertfisch.

4 Esslöffel Pflanzenöl

3 große Zwiebeln, in Ringe geschnitten

3 Knoblauchzehen, gehackt

5 cm frischer Ingwer, geschält und gehackt

4 Chilischoten, gehackt

2 Teelöffel gemahlene Kurkuma

4 Kardamomkapseln, leicht zerdrückt

4 Teelöffel Currypulver

2 Teelöffel gemahlener Koriander

2 Teelöffel gemahlener Kreuzkümmel

2 kg Hähnchenfleisch ohne Knochen, grob gewürfelt

3 Dosen à 410 g gewürfelte Tomaten

Saft von2 Limetten

Saft von 1 Zitrone

1 großes Bund Koriander, gehackt

Meersalz und frisch gemahlener schwarzer Pfeffer

Für 12 Personen

Das Öl in einem großen Topf erhitzen, Zwiebel, Knoblauch und Chili weich dünsten, aber nicht bräunen. Kurkuma, Kardamom, Currypulver, gemahlenen Koriander und Kreuzkümmel zugeben und 2 Minuten mitdünsten. Das Fleisch zugeben, salzen und in der Gewürzmischung wenden. 5 Minuten andünsten, bis das Fleisch weiß wird. Die Tomaten zufügen, gut verrühren. Abgedeckt 30 Minuten leicht köcheln lassen, ab und zu umrühren. Wird das Gericht vorgekocht, nehmen Sie es nun vom Herd. Anderenfalls Limetten- und Zitronensaft zufügen, 3 Minuten köcheln lassen, mit Koriander bestreuen und servieren.

Gemüsecurry mit Kichererbsen

Dieses Curry essen wir oft, weil es einfach zuzubereiten ist und ich die Zutaten meist im Hause habe – selbst am Ende der Woche, wenn die Vorräte zur Neige gehen. Sie können auch andere Gemüsesorten verwenden, nur Erbsen und Möhren vermeide ich, weil sie nicht authentisch wirken. Wie alle Curries kann man es vorkochen, damit sich der Geschmack über Nacht entwickelt.

3 Esslöffel Pflanzenöl

2 Knoblauchzehen, zerdrückt

2 rote Zwiebeln, gehackt

4 cm frischer Ingwer, geschält und gehackt

1 Esslöffel Currypulver

2 Teelöffel gemahlener Koriander

1/2 Teelöffel Bockshornkleesamen

1/2 Teelöffel Chiliflocken

1 Dose à 410 g gewürfelte Tomaten

800 g Kartoffeln, in 2,5 cm große Würfel geschnitten

1 Blumenkohl, in Röschen zerteilt

2 Dosen à 410 g Kichererbsen, abgespült und abgetropft

500 g Spinat, gewaschen, trocken geschleudert und grob gehackt

250 g Okra, gewaschen, abgetropft und längs halbiert

Für 12 Personen

Das Öl in einem großen Topf erhitzen. Knoblauch, Zwiebel und Ingwer 10 Minuten bei niedriger Temperatur weich dünsten. Currypulver, Koriander, Bockshornkleesamen und Chiliflocken zufügen und 4 Minuten mitdünsten. Tomaten und 100 ml Wasser einrühren, dann Kartoffeln, Kichererbsen und Blumenkohl zugeben. 15 Minuten unter häufigem Rühren köcheln lassen. Spinat und Okra zugeben, umrühren und weitere 5 Minuten köcheln lassen. Eventuell noch etwas Wasser zugeben, wenn die Sauce zu stark eingedickt ist.

Das Curry mit Naan- oder Pappadam-Fladen (erhältlich im Asia-Laden) zum Hähnchen servieren.

Knuspriger Reiskuchen

Reis macht viele hungrige Gäste satt. Dieses Gericht aus Persien schmeckt nicht nur köstlich, sondern sieht auch verlockend aus. Der Trick besteht darin, einen guten Topf mit einem fest schließenden Deckel zu verwenden. Eine schwere Bratpfanne ist auch geeignet.

500 g Basmati-Reis

$^{1}/_{2}$ Teelöffel Safran

100 g Butter

1 Zimtstange

3 Gewürznelken

3 Kardamomkapseln

50 g Rosinen

6 Trockenaprikosen, 30 Minuten in Wasser eingeweicht, dann gehackt

Für 12 Personen

Den Reis 1 Stunde in kaltem Wasser einweichen, abgießen und unter fließend kaltem Wasser abspülen, bis das Wasser ganz klar abfließt. In einem großen Topf Wasser zum Kochen bringen. Den Reis zufügen lassen, 3 Minuten köcheln lassen, nach 2 Minuten den Safran zugeben. Abgießen und gut abtropfen lassen.

60 g Butter in einem Topf schmelzen. Die Hälfte des abgetropften Reis zugeben und mit einem Löffel andrücken. Vom Herd nehmen. Zimt, Nelken, Kardamom, Rosinen und Aprikosen in einer Schüssel vermischen. Auf dem Reis verteilen, den restlichen Reis darauf geben und wieder andrücken. Die restliche Butter würfeln und auf dem Reis verteilen. Den Topf mit einem Geschirrtuch abdecken, dann einen gut passenden Deckel aufsetzen. Die Ecken des Geschirrtuchs über dem Deckel zusammenbinden, damit sie nicht ansengen. Den Reis bei schwächster Hitze 30 Minuten garen. Vom Herd nehmen, den Deckel nicht anheben! 15 Minuten quellen lassen, dann den Reis auf eine große Platte stürzen. Heiß oder lauwarm servieren.

Tomaten-Zwiebel-Salat

Sparen Sie nicht an Petersilie und Koriander. Sie erfrischen nach dem scharfen Curry den Gaumen.

6 Fleischtomaten

2 rote Zwiebeln, in feine Ringe geschnitten

1 weiße Zwiebel, gehackt

1 Bund Frühlingszwiebeln, in Ringe geschnitten

1 Bund glatte Petersilie, gehackt

1 Bund Koriander, gehackt

4 Esslöffel Olivenöl

1 Esslöffel Weißweinessig

1 Esslöffel Senfkörner, zerdrückt

Meersalz und frisch gemahlener schwarzer Pfeffer

Für 12 Personen

Die Tomaten am Stielansatz kreuzweise einschneiden und in eine Schüssel legen. Mit kochendem Wasser übergießen, 30 Sekunden ziehen lassen, dann abgießen und häuten. Die Tomaten grob würfeln und in eine große Schüssel geben. Zwiebeln und Frühlingszwiebeln, Petersilie, Koriander, Öl, Essig, Senfkörner, Salz und Pfeffer zufügen. Gut vermischen und zimmerwarm servieren.

Karamellisierte Orangen und Ananas

8 große, saftige Orangen

2 süße Ananas

300 g hellbrauner Zucker

Für 12 Personen

Wenn Sie ganz süße Ananas bekommen, brauchen Sie den inneren Kern nicht zu entfernen.

Von den Orangen mit einem scharfen Messer Schale und weiße Haut abschälen, sodass nur das Fruchtfleisch übrig bleibt. Die Orangen längs halbieren, dann quer in Scheiben schneiden.

Mit einem Sägemesser die Schale der Ananas von oben nach unten in Streifen abschälen, dabei die dunklen Augen entfernen. Die Ananas längs in Spalten schneiden und das harte Innere entfernen. Große Früchte in mundgerechte Stücke zerteilen. Ananas und Orangen auf einer Servierplatte anrichten.

Den Zucker in einem Topf bei schwacher Hitze schmelzen und brodelnd hellbraun karamellisieren lassen. Vom Herd nehmen und 4 Esslöffel Wasser zugeben – Vorsicht, es spritzt! Die Sauce glatt rühren, 5 Minuten abkühlen lassen und über die vorbereiteten Früchte gießen.

Tipp: Als besonderes Extra könnten Sie das Dessert mit Zuckerfäden verzieren. Etwas Sauce im Topf lassen, eine Gabel eintauchen und langsam hochziehen, sodass lange Karamellfäden entstehen. Die Fäden locker auf den Früchten verteilen. Das Geheimnis beim Fädenziehen ist die Temperatur. Tropft der Zucker von der Gabel, ist er zu heiß. Zerbrechen die Fäden beim Ziehen sofort, ist der Zucker nicht heiß genug. Arbeiten Sie behutsam auf schwacher Hitze, denn wenn Karamell zu stark erhitzt wird, verbrennt er und wird bitter.

Drinks und Fingerfood

Der Rahmen

Ein Dutzend Gäste sollten Sie zu dieser Party schon einladen, es dürfen auch gern mehr sein. Wenn viele gute Freunde kommen, sollten Sie natürlich tolle Drinks und köstliche Kleinigkeiten servieren. Partys, bei denen Fertigwaren aus dem Supermarkt und öde Getränke in Plastikbechern serviert werden, sind mir ein Gräuel. Wer nicht genug Gläser hat, kann sie beim Partyservice ausleihen.

Der Stil

Sie brauchen vor allem viel Platz, damit die Gäste Grüppchen bilden und sich bewegen können. Als Tischdekoration reichen Blätter, Kräuter oder Stoffbänder aus. Ein großes Sortiment funkelnder Gläser für die verschiedenen Drinks sorgt für den nötigen Glamour. Stellen Sie reichlich Tabletts bereit – zum Servieren der Leckereien und zum Abräumen benutzter Gläser.

DAS MENÜ

FÜR 12 PERSONEN

Reispapier-Röllchen mit Sojadip

Austernpastetchen mit Ziegenkäse

Grissini mit Parmaschinken

Parmesan-Rosmarin-Plätzchen

Artischocken-Tomaten-Bissen

Rohkostplatte

GETRÄNKE

Cocktails (Seite 142)

Reispapier-Röllchen mit Sojadip

Die Zubereitung dieser feinen Röllchen kostet etwas Zeit. Bitten Sie doch einen lieben Gast, zum Helfen etwas früher zu kommen. Bis zum Servieren werden die Röllchen mit einem feuchten Geschirrtuch und Frischhaltefolie abgedeckt und kalt gestellt.

12 Reispapier-Blätter*

2 Mohrrüben, in feine Stifte geschnitten

6 Frühlingszwiebeln, in schmale Streifen geschnitten

75 g Bohnensprossen

1 Bund Thai-Basilikum

1 Bund Brunnenkresse

1 Esslöffel gerösteter Sesam

SOJADIP

2 Esslöffel Honig

1 Esslöffel Sojasauce

1 Esslöffel Teriyaki-Sauce

1 rote Chili, in feine Ringe geschnitten

Für 12 Personen

Die Reispapierblätter nach Packungsanweisung 4 Minuten in kaltem Wasser einweichen.

Auf jedes Blatt eine kleine Menge Mohrrüben, Frühlingszwiebeln, Brunnenkresse und einige Basilikumblätter geben. Mit Sesam bestreuen und aufrollen.

Die Zutaten für den Dip in einer kleinen Schüssel verrühren und in flachen Schälchen zum Eintunken der Röllchen servieren.

* **Tipp:** Reispapier-Blätter bekommt man in Asia-Läden und guten Supermärkten. An einem kühlen Platz sind sie recht lange haltbar.

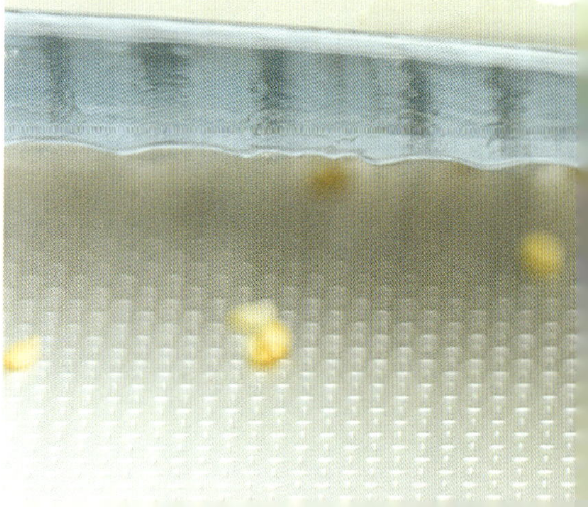

250 g Blätterteig

100 g Ziegen-Weichkäse ohne Rinde, zerkrümelt

2 Dosen à 85 g geräucherte Austern

1 Ei, verquirlt

Meersalz und frisch gemahlener schwarzer Pfeffer

Backblech, leicht gebuttert

Für 12 Personen

Austernpastetchen mit Ziegenkäse

Viel zu wenige Menschen wissen, wie gut geräucherte Austern schmecken. Backen Sie diese Pastetchen und bereichern Sie die Welt um einige Kenner!

Den Teig auf einer bemehlten Arbeitsfläche sehr dünn ausrollen, dann längs halbieren. Die Hälfte des Ziegenkäse in der Mitte eines Teigstreifens verteilen. Die Hälfte der Austern in einer Reihe darauf setzen. Die Längsseiten mit verquirltem Ei bestreichen, dann den Teig zusammenklappen und die Ränder gut zusammendrücken. Den anderen Teigstreifen ebenso belegen. Beide Teigrollen mit verquirltem Ei bestreichen und mit Salz und Pfeffer bestreuen. In 3 cm dicke Scheiben schneiden, auf das Backblech setzen und im vorgeheizten Ofen bei 200 °C 12 Minuten backen, bis der Teil goldbraun und aufgegangen ist. Zimmerwarm servieren.

DER ZEITPLAN

Am Vortag

- Parmesan-Rosmarin-Plätzchen backen.

Am Festtag

- Austernpastetchen backen.
- Artischocken-Tomaten-Bissen zubereiten und 8–10 Minuten vorbacken. Vor dem Servieren 5 Minuten aufbacken.
- Füllungen für die Reispapier-Röllchen vorbereiten, mit feuchtem Küchenpapier in Gefrierbeutel legen und kalt stellen.

In der letzten Stunde

- Reispapier-Röllchen zubereiten und auf Platten anrichten.
- Schinken um die Grissini wickeln, in einem großen Glas anrichten.
- Rohes Gemüse schneiden und auf einer Platte anrichten.
- Cocktails vorbereiten.

Grissini mit Parmaschinken

Kaufen Sie die Zutaten am besten in einem italienischen Delikatessenladen ein, wo es frisch gebackene Grissini gibt und der Parmaschinken für jeden Kunden frisch geschnitten wird. Die Grissini können 1 Stunde vor dem Servieren umwickelt werden.

12 hauchdünne Scheiben Parmaschinken

12 Grissini (italienische Teigstangen)

Für 12 Personen

Überschüssiges Fett vom Schinken abschneiden, dann die Scheiben fest um eine Hälfte der Grissini wickeln. Die Stangen in Gläsern oder auf einer Platte anrichten.

Parmesan-Rosmarin-Plätzchen

Diese Plätzchen sollten bei keiner Party fehlen. Der würzige Rosmarin harmoniert großartig mit dem knusprigen, kräftigen Käse. Backen Sie reichlich, denn die Gäste werden begeistert knabbern. In einer luftdichten Dose halten sich die Plätzchen einige Tage im Kühlschrank.

Nadeln von 2 Zweigen Rosmarin, fein gehackt

200 g Parmesan, grob gerieben

2 Backbleche, mit Backpapier ausgelegt

Ergibt 24 Stück

Den Rosmarin in einer Schüssel mit dem Parmesan verrühren. Mit einem Teelöffel in kleine, flache Häufchen auf ein Backblech setzen. Reichlich Abstand lassen, die Plätzchen laufen auseinander. Im vorgeheizten Backofen bei 200 °C 8–10 Minuten goldbraun backen. Nach dem Abkühlen vorsichtig vom Papier abziehen und luftdicht verpacken oder gleich servieren.

Artischocken-Tomaten-Bissen

Für dieses Rezept eignet sich Fertigteig für Brötchen oder Croissants, den man im Kühlregal im Supermarkt bekommt. Auch bei diesem Rezept sind Helfer willkommen: Mit vielen Händen geht es schneller.

300 g Fertigteig für Brötchen

280 g Artischockenherzen in Olivenöl

125 g Büffel-Mozzarella, in 48 kleine Stücke geschnitten

24 Kirschtomaten, halbiert

6 Frühlingszwiebeln, je in 8 Stücke geschnitten

Meersalz und frisch gemahlener schwarzer Pfeffer

2 Backbleche, leicht gebuttert

Ergibt 12 Stück

Den Teig vierteln, dann jede Portion zwölfteln, um 48 Stücke zu erhalten. Jedes Stück zu einem Kreis ausrollen oder mit der Hand flach drücken. Die Artischocken abgießen, das Öl auffangen. In insgesamt 48 Stücke schneiden. Auf jedes Teigstück ein Stück Artischocke und je Stück der übrigen Zutaten legen und leicht andrücken. Etwas vom aufgefangenen Öl darüber träufeln, mit Salz und Pfeffer bestreuen und im vorgeheizten Backofen bei 180 °C 12–15 Minuten goldbraun backen. Heiß, lauwarm oder zimmerwarm servieren.

Rohkostplatte

8 Mohrrüben, in Stifte geschnitten

8 kleine Fenchelknollen, geputzt und halbiert

1 Salatgurke, in Stifte geschnitten

2 Bund Radieschen, geputzt

8 Esslöffel Olivenöl extra vergine

3 Esslöffel Balsamico-Essig

Für 12 Personen

Das rohe Gemüse auf einer großen Platte anrichten. Essig und Öl in einer kleinen Schüssel verrühren und als Dip zum Gemüse servieren.

Cocktails

Weißwein-Fizz

750 ml Weißwein

750 ml Mineralwasser mit Kohlensäure

1 Apfel, in Scheiben geschnitten

1 Zitrone, in Scheiben geschnitten

1 Orange, in Scheiben geschnitten

1 Kiwi, in Scheiben geschnitten

Eiswürfel

Für 8 Personen

Alle Zutaten in einem Krug verrühren.

Cosmopolitan

200 ml Wodka
750 ml Preiselbee-Saft
Saft von 4 Limetten
Eiswürfel

Für 8 Personen

Alle Zutaten in einem Krug verrühren. Alternativ den Saft in einzelne Gläser gießen, mit Wodka und Limettensaft auffüllen.

Braune Kuh

175 ml Kahlua
1 Liter Milch
Eiswürfel

Für 8 Personen

Alle Zutaten in einem Krug verrühren. Alternativ den Kahlua in Einzelgläser gießen, Eiswürfel zugeben und mit Milch auffüllen.

Luxus für Schlemmer

Der Rahmen

Bei diesem Menü dürfen Sie alle Register ziehen. Tischen Sie auf, was Sie schon immer kochen wollten – und nicht wussten, wie es geht und ob Sie es überhaupt können. Dies ist Ihre Chance, Ihre Freunde zu beeindrucken!

Der Stil

Zu diesem Menü passt eine schlichte, edle Tischdekoration mit weißem Geschirr. Nichts soll mit den noblen Gerichten konkurrieren. Platzkarten dagegen sind durchaus stilvoll. Und eine helfende Hand in der Küche können Sie auch gebrauchen.

DAS MENÜ

FÜR 8 PERSONEN

Räucherlachs mit Rührei und Kaviar

Brunnenkresse-Suppe

Filet im Teigmantel

Senfsauce

Salat der Saison mit Käse

Himbeeren in Champagnergelee

GETRÄNKE

Rosé zum Rührei

Sauvignon Blanc oder Chenin Blanc zur Suppe

Cabernet Sauvignon zu Fleisch und Käse

Spätlese zum Fruchtgelee

Kaffee und Cognac

DER ZEITPLAN

Am Vortag

- Fleisch vorbereiten, in den Teig hüllen und abgedeckt kalt stellen.
- Senfsauce zubereiten und kalt stellen.

Am Festtag

- Champagnergelee zubereiten.
- Salat waschen und trocken schleudern, in einen Gefrierbeutel geben und kalt legen.
- 2 Stunden vor dem Essen den Käse aus dem Kühlschrank nehmen und mit einem sauberen Geschirrtuch abdecken.

In der letzten Stunde

- Fleisch garen.
- Suppe kochen.
- Brot erwärmen und das Rührei braten.
- Senfsauce erwärmen und Salat anmachen.

Räucherlachs mit Rührei und Kaviar

Wenn das Budget etwas knapper ist, lassen Sie den Kaviar einfach weg. Probieren Sie einmal Rührei aus Enteneiern, die man auf dem Markt und in manchen Hofläden bekommt.

Die Eier in eine Schüssel schlagen und verquirlen. Die Milch zugeben und nochmals durchquirlen. Die Butter in einer beschichteten Pfanne schmelzen, die Eier zugeben, salzen und pfeffern. 5–8 Minuten braten, dabei ständig mit einem Holzspatel rühren, bis die Eimasse zu stocken beginnt. Sofort vom Herd nehmen – die Eimasse stockt in der warmen Pfanne weiter.

Das Brot im vorgeheizten Backofen bei 180 °C 10 Minuten erwärmen, dann auf Teller legen. Das Rührei darauf häufen, den Räucherlachs darauf verteilen. Nach Belieben etwas Kaviar darauf setzen und mit Schnittlauch garnieren.

8 Hühnereier oder 4 Enteneier

100 ml Milch

50 g Butter

8 Scheiben Mehrkornbrot

250 g geräucherter Wildlachs

100 g Forellen- oder Lachskaviar (nach Belieben)

Meersalz und weißer Pfeffer

Schnittlauch zum Garnieren

Für 8 Personen

Brunnenkresse-Suppe

Ich habe eine Schwäche für Brunnenkresse. Das knackige Kraut mit dem pfeffrigen Aroma erfrischt die Geschmacksnerven auf unvergleichliche Weise. Achten Sie beim Kauf auf makellose, dunkelgrüne Blätter und einen frischen Geruch. In feuchtes Küchenpapier gewickelt hält die Kresse sich im Kühlschrank 2 Tage.

Das Öl in einem großen Topf erhitzen. Zwiebel, Porree und Kartoffeln 15 Minuten glasig dünsten. Das Mehl einrühren, dann die Brühe angießen und mit Salz und Pfeffer würzen. Zum Kochen bringen und 30 Minuten köcheln lassen. Die Suppe mit einem Mixstab glatt pürieren. Kresse und Petersilie zufügen und nochmals 5 Minuten köcheln lassen. Mit Salz und Pfeffer abschmecken und servieren.

2 Esslöffel Olivenöl

1 Zwiebel, gehackt

1 Porreestange, gehackt

2 große Kartoffeln, gehackt

2 Esslöffel Mehl

1,2 Liter Gemüse- oder Hühnerbrühe

300 g Brunnenkresse ohne Stiele, gehackt

1 Bund glatte Petersilie, gehackt

Meersalz und frisch gemahlener schwarzer Pfeffer

Für 8 Personen

4 Esslöffel Olivenöl

3 Schalotten, fein gehackt

2 Knoblauchzehen, fein gehackt

150 g braune Champignons, in Scheiben geschnitten

1,25 kg Rinderfilet

500 g Blätterteig oder Mürbeteig

2 Eier, verquirlt

Meersalz und frisch gemahlener schwarzer Pfeffer

Für 8 Personen

Filet im Teigmantel

Wenn es etwas edler sein soll, ersetzen Sie die Hälfte der Champignons durch Steinpilze. Vor dem Einwickeln in Teig müssen die Pilze vollständig abkühlen und sehr gut abtropfen.

2 Esslöffel Öl in einer Pfanne bei mittlerer Temperatur erhitzen. Schalotten, Knoblauch und Pilze zufügen und 15 Minuten unter häufigem Rühren dünsten (nicht bräunen!), bis die Flüssigkeit verdampft ist. Salzen und pfeffern, abkühlen lassen und kalt stellen.

1 Esslöffel Öl in einem Bräter im vorgeheizten Backofen bei 220 °C 5 Minuten erhitzen. Das Fleisch mit dem restlichen Öl, Salz und Pfeffer einreiben und in den Bräter legen. 15 Minuten garen, dann aus dem Ofen nehmen. Das Filet auf einer Platte vollständig abkühlen lassen, den Bratensaft für die Sauce aufbewahren. Im Bräter nun die Sauce kochen (siehe unten) und zum Servieren erwärmen.

Den Teig zu einem Rechteck ausrollen, das groß genug zum Einwickeln des Filets ist. Mit etwas verquirltem Ei einpinseln. Die abgetropften Pilze auf dem Teig verteilen, rundherum einen 5 cm breiten Rand frei lassen. Das kalte Filet auf die Pilze setzen und den Teig um Fleisch und Pilze rollen oder wie ein Päckchen einwickeln.

Überstehenden Teig an den Enden abschneiden, um doppelte Teigschichten zu vermeiden. Das Teigpaket mit der Naht nach unten auf ein leicht geöltes Backblech legen, rundum mit verquirltem Ei einpinseln und 2 Stunden kalt stellen.

Das Filet auf mittlerer Schiene im vorgeheizten Backofen bei 200 °C 20 Minuten garen. Die Temperatur auf 180 °C reduzieren und noch 15 Minuten garen, wenn das Filet rosa sein soll. Medium ist es nach 35 Minuten, durchgegart nach 50 Minuten. Wer das Fleisch ganz durchgaren will, muss eventuell die Ofentemperatur reduzieren, falls der Teig zu dunkel wird.

Senfsauce

Diese Sauce ist köstlich, aber sehr üppig. Zum Glück braucht man davon nur einen kleinen Klecks.

2 Esslöffel Dijon-Senf ohne Körner

2 Esslöffel milder, körniger Senf

100 ml Weißwein

400 ml Crème double

Bratensaft vom Filet

Für 8 Personen

Beide Senfsorten, Weißwein und Crème double in den Bräter mit dem Bratensaft geben. Alternativ in einen Topf geben und den Bratensaft zufügen, aufkochen und 5 Minuten leicht einkochen lassen. Wird die Sauce gleich nach dem Anbraten des Fleisches im Bräter zubereitet, muss sie zum Servieren erhitzt werden.

Salat der Saison mit Käse

Mein Lieblingskäse ist Vacherin – wahrscheinlich wurde er im Paradies erfunden. Am besten schmeckt er im Oktober und November, weil er dann aus der Milch von Kühen hergestellt wird, die im Sommer auf den Almen gegrast haben. Jeder gute Käse sollte 2 Stunden vor dem Servieren aus dem Kühlschrank genommen werden.

200 g kleinblättriger Salat

200 g Rucola

1 Kopf Batavia-Salat, in Blätter zerteilt

2 Esslöffel Dijon-Senf ohne Körner

75 ml Rotweinessig

200 ml Olivenöl

1–2 kleine Käselaibe, je nach Art und Größe

Meersalz und frisch gemahlener schwarzer Pfeffer

Brot oder Käsecracker als Beilage

Für 8 Personen

Die Blattsalate in reichlich kaltem Wasser waschen und trocken schleudern. Senf und Essig in ein Schraubglas geben, fest verschließen und schütteln. Öl, Salz und Pfeffer zugeben und nochmals kräftig schütteln. Den Salat in eine Schüssel geben und kurz vor dem Servieren das Dressing unterheben. Den Salat zu Käse und Brot oder Crackern servieren.

Himbeeren in Champagnergelee

Dieses einfache Dessert rundet das Schlemmermenü auf leichte Weise ab. Wer Champagner zu dekadent findet, kann natürlich auch einen guten Sekt verwenden.

25 g weiße Gelatine (pulverisiert)

500 g Himbeeren

1 Flasche Champagner, zimmerwarm

8 Gläser

Für 8 Personen

3 Esslöffel Wasser in eine kleine Schüssel geben, die Gelatine hinein streuen und an einem warmen Platz 10 Minuten quellen lassen. Die Himbeeren in die Gläser verteilen. Den Champagner öffnen und einen Schuss zur aufgelösten Gelatine geben. In einen Krug geben, den restlichen Champagner zugeben und vorsichtig umrühren, damit sich kein Schaum bildet. Über die Himbeeren gießen und im Kühlschrank mindestens 2 Stunden erstarren lassen.

Silvestermenü

Der Rahmen

Nach all den traditionellen Weihnachtsgerichten hat jeder Lust auf Abwechslung. Die Meeresfrüchte-Lasagne ist leicht, aber edel. Man kann sie wunderbar vorbereiten und erst am Festtag überbacken.

Der Stil

Decken Sie den Tisch in kräftigen Farben und stellen Sie reichlich Kerzen auf, um dem Weihnachtsbaum Konkurrenz zu machen. Legen Sie für jeden Gast ein kleines Päckchen bereit, um die Tradition des Schenkens ins Neue Jahr hinüber zu tragen.

DAS MENÜ

FÜR 12 PERSONEN

Rote-Bete-Salat mit Ziegenkäse und Pinienkernen

Lasagne mit Meeresfrüchten

Chili-Kohl

Schokoladentorte mit Himbeeren

GETRÄNKE

Gamay zum Salat

Sauvignon Blanc oder Chenin Blanc zur Lasagne

Muscadet oder Sauternes zum Dessert

DER ZEITPLAN

Am Vortag

- Lasagne vorbereiten und abgedeckt kalt stellen.
- Schokoladenboden für das Dessert backen.

Am Festtag

- Melba-Toasts zubereiten und in einer luftdichten Dose aufbewahren.
- Roten Bete garen und schälen.
- Salatdressing rühren.
- Kohl vorbereiten.
- Schokoladentorte zubereiten und ins Gefrierfach stellen. 30 Minuten vor dem Servieren herausnehmen.

In der letzten Stunde

- Lasagne im vorgeheizten Ofen bei 180 °C 30 Minuten erhitzen, dann bei 150 °C 30 Minuten fertig garen.
- Salat anmachen.
- Kohl zubereiten.

Rote-Bete-Salat mit Ziegenkäse und Pinienkernen

Der herzhafte Wintersalat aus dunkelroten Rüben und schneeweißem Käse ist auch etwas fürs Auge.

12 Scheiben Weißbrot

750 g kleine Rote Bete mit Schale

500 g gemischter Blattsalat

200 g krümeliger Ziegenkäse

100 g Pinienkerne, ohne Fett in einer Pfanne geröstet

1 Bund Basilikum

2 Knoblauchzehen, zerdrückt

5 Esslöffel Olivenöl

frisch gepresster Saft von 2 Zitronen

Meersalz und frisch gemahlener schwarzer Pfeffer

Für 12 Personen

Die Brotscheiben toasten, dann die Rinde entfernen und jede Scheibe mit einem scharfen Messer flach durchschneiden, sodass jedes Stück eine getoastete und eine ungetoastete Seite hat. Diagonal halbieren und mit der weichen Seite nach oben unter dem vorgeheizten Grill rösten, bis die Oberseite goldbraun ist und die Toasts sich biegen. Gut aufpassen, sie verbrennen leicht.

Die Roten Bete in einen Bräter legen und im vorgeheizten Backofen bei 180 °C 45 Minuten garen. Aus dem Ofen nehmen, abkühlen lassen, schälen und vierteln. Den Blattsalat auf einer großen Platte verteilen, die Roten Bete und den zerkrümelten Ziegenkäse darauf geben und mit Pinienkernen und zerzupften Basilikumblättern bestreuen.

Knoblauch, Öl und Zitronensaft mit Salz und Pfeffer in einem fest verschlossenen Schraubglas kräftig schütteln und über den Salat geben. Zum Toast servieren.

Lasagne mit Meeresfrüchten

Diese Lasagne kann man wunderbar vorbereiten. So empfangen Sie Ihre Gäste entspannt und servieren doch etwas ganz Edles. Entscheiden Sie je nach Budget und Angebot des Fischhändlers, welche Meeresfrüchte Sie verwenden wollen: Scampi, Miesmuscheln, Austern, Hummer, Venusmuscheln, Lachs, Forelle, Dorsch, Heilbutt, Tunfisch, Schwertfisch, Jakobsmuscheln oder vielleicht Makrele. Mehr als vier Sorten sollten es aber nicht sein, sonst sind sie nicht mehr zu unterscheiden. Krusten- und Schalentiere werden natürlich ausgelöst. Alle Fische werden gehäutet, von Gräten befreit und in mundgerechte Stücke geschnitten. Fisch und Meeresfrüchte gründlich mit Küchenpapier trocken tupfen.

4 Esslöffel Olivenöl

200 g Butter

2 Knoblauchzehen, gehackt

1 Zwiebel, gehackt

1 Fenchelknolle, geputzt und gehackt

2 Porreestangen, in Ringe geschnitten

100 g Mehl

300 ml Fischbouillon

500 ml Weißwein

1 kg gemischte Meeresfrüchte (siehe Einleitungstext), abgespült und trocken getupft

1 großes Bund glatte Petersilie, gehackt

175 ml Crème double

500 g Lasagneplatten (roh)

200 g frisch geriebener Parmesan

Meersalz und frisch gemahlener schwarzer Pfeffer

Lasagne-Form oder Bräter, ca. 30 x 20 cm

Für 12 Personen

Öl und 50 g Butter in einem großen Topf erhitzen. Knoblauch, Zwiebeln, Fenchel und Porree 10 Minuten unter häufigem Rühren glasig dünsten. 25 g Mehl dünn über das Gemüse stäuben, mit einem Holzlöffel verrühren und einige Minuten anschwitzen. Langsam unter ständigem Rühren die Fischbouillon und 100 ml Wein zugießen und köcheln lassen, bis die Sauce eindickt.

Alle vorbereiteten Meeresfrüchte mit der Petersilie und etwas Salz und Pfeffer in die Sauce geben. Vorsichtig umrühren und bei niedriger Temperatur 5 Minuten köcheln lassen. Vom Herd nehmen und beiseite stellen.

die restliche Butter in einem zweiten Topf erhitzen, das restliche Mehl zugeben und glatt rühren. Einige Minuten anschwitzen, dann vom Herd nehmen und langsam unter ständigem Schlagen mit einem Schneebesen den restlichen Wein zugießen. Wieder auf den Herd stellen, aufkochen und 5 Minuten köcheln lassen. Sahne, Salz und Pfeffer zugeben und vom Herd nehmen.

Eine Schicht Meeresfrüchte in die Lasagne-Form geben, etwas Sauce darüber gießen und eine Schicht Lasagneplatten darauf legen. Die Form mit weiteren Schichten füllen. Mit Parmesan bestreuen und kalt stellen.

Die Lasagne im vorgeheizten Ofen bei 180 °C 50 Minuten backen, bis sie brodelt und goldbraun ist.

Chili-Kohl

Dieses Gericht muss direkt vom Herd serviert werden. Es ist aber so unkompliziert, dass es keinen Stress produziert, und es passt besonders gut zur Meeresfrüchte-Lasagne. Verwenden Sie Grünkohl, Cavolo nero, Wirsing oder eine Mischung.

1 Esslöffel Pflanzenöl

25 g Butter

500 g Kohl, grob gehackt

½ Teelöffel Chiliflocken

Saft und abgeriebene Schale von 2 Zitronen (unbehandelt)

frisch gemahlener schwarzer Pfeffer

Für 12 Personen

Öl und Butter in einem Wok oder einer großen Pfanne mit hohem Rand erhitzen. Den Kohl 5 Minuten anbraten, dabei häufig wenden. Chiliflocken, Zitronensaft und –schale zugeben. Eine weitere Minute braten, dann auf einer Platte anrichten, mit Pfeffer bestreuen und servieren.

Schokoladentorte mit Himbeeren

200 g Butter

200 g dunkle Schokolade (mindestens 70 % Kakaoanteil), in Stücke gebrochen

4 Eier

200 g hellbrauner Zucker

200 g Mehl

2 Teelöffel Backpulver

100 g gemahlene Mandeln

375 g Himbeeren

500 g Himbeer-Joghurt-Eiscreme

Springform mit 24 cm Durchmesser, gebuttert

Für 12 Personen

Butter und Schokolade bei sehr niedriger Temperatur in einem kleinen Topf schmelzen. Eier und Zucker mit dem elektrischen Handrührer in einer Schüssel 6 Minuten zu hellem Schaum schlagen. Bei laufendem Gerät die flüssige Schokolade zugießen. Mehl und gemahlene Mandeln mit einem großen Metalllöffel unterheben. Den Teig in die vorbereitete Form geben, ein Drittel der Himbeeren darauf verteilen.

Im vorgeheizten Backofen bei 180 °C 30–40 Minuten backen, dann aus dem Ofen nehmen und in der Form abkühlen lassen. Das Eis auf dem Kuchen verteilen, die restlichen Himbeeren darauf häufen und die Torte bis zu 2 Stunden in den Tiefkühler stellen. 20 Minuten vor dem Servieren aus dem Gefrierfach nehmen.

Index

Danksagung

Der Verlag dankt allen, die uns die Genehmigung für Fotoaufnahmen in ihren Wohnungen gegeben haben, darunter Vanessa Arbuthnott, Ivan Barge and Heather Murphy, Stephan Schulte and Julie und Mark O'Shaughnessy. Vielen Dank an Graham Philips, Architekt des Skywood House, Middlesex. 'Seascape' The Beach House (Seite 124–131), Kontaktadresse für Film- und Fotoaufnahmen 20 The Suttons, Camber, East Sussex TN31 YSA, Tel. 01797 224 754, e-Mail sea-scape@cwcom.net, www.seascape.cwc.net/seascape.htm.

Danksagung der Autorin

Herzlichen Dank an alle, die dieses Buch ermöglicht haben – manche in offensichtlicher Weise, andere still im Hintergrund. Wir hatten viel Spaß zusammen.

Da wären zu nennen: Debi Treloar für die verführerischen Fotos, ihr herzliches Wesen und die Seelenverwandtschaft bei der Arbeit. Sally Somers für unermüdliches Kochen, Probieren und vor allem Redigieren – zum Glück mit sehr viel Humor. Meine Assistentin Viki Keppel Compton, immer die Ruhe selbst, die es wagte, sich ein Boot zu kaufen und sechs Wochen segeln zu gehen. Wir waren neidisch, aber du kamst zum Glück zurück. Vielen Dank für stundenlanges Kochen, Probieren und Abwaschen. Emily Chalmers, die zahllose Geschäfte auf der Suche nach besonderen Tellern, Schüsseln und Kochutensilien durchstöberte, und der wir hiermit auch unsere besten Hochzeitswünsche senden möchten. Paul, der es mit uns Frauen aufnahm und aus der Masse der Fotos die besten aussuchte. Dank an die aufmerksame Lina Bergman, Debis bezaubernde Assistentin, die immer lächelt, jedem hilft und einfach sprudelnd gute Laune verbreitet.

Alison Starling danke ich, dass sie den Kontakt zu RPS hergestellt und mich zum Schreiben dieses Buchs ermutigt hat. Gabriella Le Grazie für das Zusammenstellen des tollen Teams und das wachsame auf den Fortschritt. Elsa Petersen-Schepelern für ihre durchdachten und hilfreichen Impulse. Kate Brunt für die Hilfe beim Finden herrlicher Foto-Locations. Louise Leffler für die Arbeit in der ersten Entwicklungsphase, für die guten Ideen und die Unterstützung in Südfrankreich. Ganz herzlichen Dank an die Besitzer der Häuser, die uns die Genehmigung zum Fotografieren in ihren vier Wänden gaben, geduldig zusahen, wie wir Möbel rückten und ihren Wohnungen unseren Stil überstülpten. Ganz besonderen Dank an Gerrard and Claire in France für ihre Gastfreundschaft und die wertvollen Kontakte.

Ein persönlicher Dank geht an meine Familie – Eltern, Brüder und Schwester. Ihr habt mir geholfen, meinen Weg zu finden. Und natürlich großen Dank an meinen Liebsten: Ohne Deine endlose Geduld, die Hilfe mit den Kindern und dein ausdauerndes Zuhören wäre all dies nicht möglich gewesen. Ich liebe Dich, David.